自分探しにとらわれず、すぐに行動できる技術

得意なことの見つけ方

株式会社圓窓 代表取締役
澤円

KADOKAWA

得意なことの見つけ方

自分探しにとらわれず、
すぐに行動できる技術

はじめに　なぜ自己分析はしんどいのか

本書のテーマは、自分の「得意なこと」の見つけ方です。

みなさんは、これまでの人生で、いわゆる「自己分析」や「自分探し」をしたことはありますか？　就職・転職をするときや、退職して独立するとき、また結婚のタイミングや子育てがいち段落したときなどに、ふと自分の人生を振り返ることがあるはずです。

「わたしの強みや得意なことってなんだろう？」
「わたしが本当にやりたいことはなんだろう？」

そんな問いに対して答えがなかなか見つからず、悶々《もんもん》としたり不安になったりする人も多いのではないかと推測します。

自己分析と聞くと、「とにかくしんどかった」「逆に自信を失った」と、ネガティブな体験として思い出す人がかなりたくさんいます。

なぜ自己分析がしんどいのかといえば、過去を振り返るなかで、**自分の弱い部分や失敗した過去をまざまざと見せつけられ、それらに向き合わなければならない作業がある**からです。

もちろん、過去にはいい記憶や、自分の「得意なこと」を活かせた場面もたくさんあったはずですが、人は様々な思い込みやバイアスなどのために、ネガティブな情報に重きを置いて解釈してしまう傾向があるようです。

しかも周囲からは、「人生を真面目に考えなさい」「自分を見つめなさい」「ありたい未来から逆算しなさい」「本当にやりたいことを見つけなさい」などといわれるのだから、たまったものではありませんよね。

それによって、マインドがさらに深刻モードになり、思考が狭く、重たくなってしまう。そうして、自分と向き合うことがますますつらくなり、自己分析がしんどいものになってしまう面があるのでしょう。

他にも、本やネットをはじめ、**世の中には自己分析に関する情報やメソッドが溢《あふ》れているため、「どのように自分を振り返ればいいのか」がよくわからず、結果的にしんどい作業になる**という理由もあります。

シートやノートに自分の過去の経験などを書き込みながら、うんうんと考え込んで、深みにはまってしまうあのイメージです。

たとえると、**自己分析は、消化に悪い食べ物のようなもの**です。自分のなかにはいろいろな要素があり、相矛盾するものも詰まっている状態が普通なので、咀嚼《そしゃく》して消化するには当然時間も手間もかかるわけです。だから、まるでおかゆやインスタント食品のような、消化がよくて手軽なノウハウやメソッドを求めてしまうのだと思います。

でも、そんな調子で自分の人生の意味を考えていても、あまりいい答えが出るとは僕には思えません。なぜなら、**本来は自由な思考を持ち、自由に行動できるはずの自分を枠にはめて、無理をして自分に向き合おうとしている**からです。

そこで、自己分析や自分探しを「しんどい」「つらい」「面倒」という気持ちになる人がとても多いなかで、それらをもっと軽やかなものに変えていけないかと思い、本書を書きはじめました。

なぜなら、本書のテーマである、**自分の「得意なこと」を見つけることは、やはり人生を幸せなものにしていくために大切なこと**に違いないからです。

僕たちは、ものすごい奇跡の積み重ねでこの地球に生を享《う》け、自分だけに与えられた特質や性質、能力などを使って生きています。せっかくなら、それらを自分なりにもっと活用していける手掛かりを提示できれば、一度きりの人生をより豊かに、楽しく、幸せに過ごしていけるはずです。

第1章では、みなさんが「得意なこと」を見つけるための手掛かりとなる、まったく新しい概念を提示します。なぜ、自分の「得意なこと」がわからないのかを分析しながら、**既存の自己分析にありがちな「自分と向き合う」しんどさに代わる、軽やかで効果があるアプローチ**を紹介しましょう。

第2章では、一般的にいわれる「得意なこと」という言葉自体を疑い、その捉え方を解きほぐしていきます。僕は、「得意なこと」というのは、英会話やロジカル思考、数字に強い、コミュ力が高いなどといったことだけでなく、**あくまでも自己評価に根ざした、もっと多様で個人的なもの**と見ています。また、今後の生成ＡＩ時代を踏まえた、「得意」を活かす行動様式も提案します。

第3章では、「得意なこと」に対する柔軟な捉え方と、新しい行動様式を手にしたところで、あらためて自分自身に迫ります。**自分がこれまで歩んできた人生を振り返りながらも、過去に因果関係を求めるのではなく、自分を正しく「観察」する**手掛かりを紹介します。また、未来志向で自分を再発見するイメージを持っていただくために、実例として、僕自身のライフラインチャートを公開します。

第4章では、自分の「得意なこと」を活かすために、**すぐ「行動」に移すための方法**を紹介します。なにごとも「行動」しなければ結果も生じませんから、自分をうまく誘い出すやり方を知っておくことは、きっと役に立つはずです。

第5章では、今後の時代背景を踏まえながら、**みなさん一人ひとりの「得意なこと」をつなげて、世の中に広くシェアしていくあり方**を提案します。それは、単なる〝社会貢献〟にとどまらない、あなた自身の人生を豊かに、楽しく、幸せにしていく道だと僕は確信しています。

僕は、ものごとは「起きてから考える」というスタンスで生きています。

周囲の状況をきちんと「観察」し、ものごとを最初から決めてかかるのではなく、とりあえず小さな「行動」をする。失敗したらそのときに対処法を考える。しんどい日は堂々と立ち止まり、嫌でなければとりあえず続けてみる。

自己分析や自分探しで疲弊するのではなく、どこまでも軽やかに自分を扱いながら進んでいけばいいのです。

本書は、僕なりの**「行動の書」**です。

読み進める途中でなにか気づきを得たら、ぜひそこでいったん本を閉じてください。「最後まで読んでから」「もう少し考えてから」と思いとどまる必要はありません。どんな小さなことでもいいので、実際の「行動」に飛び出してみてください。

すぐに動いて、あなただけのチャンスを摑《つか》みに行きましょう。

得意なことの見つけ方　もくじ

第2章 「ありがとう」といわれる才能

第4章 すぐ行動できる人になる

第5章　人生を豊かにする「得意」の活用

第1章

行動によって〝ゆらぎ〟をつくれ

本当はいいことも
たくさんあったはずなのに

「自分の得意なことってなんだろう？」

「自分だけの強みを活かして働きたい」

「わたしが人生で本当にやりたいことはなにか？」


折に触れて、自分のことを振り返るときがあると思います。

特に就職や転職、独立などをするときや、結婚や出産のタイミング、また子育てがいち段落したときに、ふと自分の人生を見つめ直すこともあるでしょう。あるいは、仕事がうまくいかなかったり、周囲の評価が気になったりして、少し落ち込みがちなときにも、ふと頭をよぎる自分自身に対する疑問です。

こうした人生の振り返りを行うことを、一般的には「自己分析」「自分探し」などといいます。でも、どういうわけか、この作業にネガティブな思いを持っている人がとても多いのです。

「学生時代にやったけれど、なかなか強みが見つけられずにつらかった」「得意なことがわからなくなり、逆に自信を失った」というように、嫌な体験として思い出す人がかなりいるのです。

これはおそらく、**自己分析や自分探しには、なかなか答えが出ないことを延々と考え続けさせられるしんどさがある**からではないでしょうか。よく他人からのちょっとしたひとことで、停滞した状況を打開できることがあるものですが、**自分ひとりで考えていると、自分のことは案外よくわからない**というのが実情のようです。

また、**過去の振り返りを続けていると、なぜか自分の弱点や失敗体験、嫌な記憶やふがいなさばかりを思い知らされる**ことも関係しています。

本当はいいこともたくさんあったはずなのに、自分の不得意なことや他人からのきつい言葉など、低い評価を受けた体験ばかりを思い出してしまう。そうして、自分に対して悶々とした気持ちを持ったり、不安になったりしてしまうのでしょう。

つまり、自己分析や自分探しがしんどいのは、過去を振り返るなかで、**自分の弱い部分や失敗した経験をまざまざと見せつけられる**からではないでしょうか。

あるいは、こうともいえそうです。

そんな**自分の弱点や失敗に「真正面から向き合うべきだ」と思い込んでしまっているる**からではないでしょうか。

人間は自分の「得意なこと」に目が向きづらい

一方で、自己分析や自分探しをするときには、「自分のいいところだけにフォーカスする」というアプローチもあります。いわゆるポジティブシンキングといわれるもので、過去のつらい体験や嫌な記憶も含めて、すべてを肯定的に捉え直す考え方です。

もちろん、**過去の体験をネガティブなかたちで抱えたままでは、もっとも大切な現在の「行動」に影響するため、なにごともポジティブに捉えようとする姿勢自体は、ある程度必要**です。前に進んでいくためには、ものごとのいい面に光を当てて、希望を持つことは大切です。

でも、幼少の頃からの〝ネガティブ人間〟を自認している僕からすれば、「もっとポジティブに考えなよ！」といってくる人がいると、「いや、それはあなただからできるんでしょ？」といいたくなってしまいます。

本書でも繰り返し述べますが、人間は一人ひとりが違っていて、多様であり、特質的にネガティブ傾向が強い人もいれば、もともと楽観的な人もいます。僕にいわせると、なんでもかんでもポジティブに考える〝おめでたい人〟もいます。

にもかかわらず、**自己分析のアプローチとしてポジティブ信仰が根強いために、それとのギャップにつらさを感じる人が多い**のではないかと僕は見ています。

そもそも人間には、ポジティブな出来事よりもネガティブな出来事に対してより強く反応し、記憶に焼きつけたり、心理的影響を受けたりする傾向があるといわれています。これをネガティビティ・バイアスといいます。

かつて、印象に残ったエピソードがあります。まだタブレット端末が普及していなかった２０１０年頃に、仕事で百貨店へのタブレット端末導入提案のために、売り場で働く人たちにヒアリングをしたことがありました。売り場の人たちは、お客さんと直接対面して得られる貴重な情報を持っていますが、当時はそれらの情報を手軽かつスピーディーに記録する手段がなかったのです。

そこで、休憩中や就業後に、あらためてバックヤードのパソコンで入力する方法がとられていましたが、その内容をうかがうとお客さんからいわれた酷い言葉や、怒られた体験ばかりだというではありませんか。

当然、店頭に立っているときはいいこともあったはずです。特別なことでなくても、お客さんがニコッと微笑んでくれたという、なに気ない出来事もあったかもしれません。

でも、それらの記憶は、時間が経つと、眉間に皺《しわ》を寄せて大声で文句をいってきた人の記憶によって簡単に上書きされてしまっていたのです。なぜなら、**脳がネガティブな情報のほうを強く受け取ってしまうため、過去に起きたいいことをなかなか思い出せなくなる**からです。

同様のことが、自分を振り返るときにも起きていると、僕は見ています。

つまり、**自分には強みや「得意なこと」という本来的にいい部分がたくさんあるはずなのに、人はその側面に目が向きにくい傾向がある**ということです。

キラキラした日常を嫌というほど見せつけられる

人間の脳はもともとネガティブな記憶が残りやすいという前提があるうえで、自分の「得意なこと」を見つけにくい理由として、いまの時代は「他人を羨ましく思わせる仕組み」が発達していることも挙げられます。

端的にいうと、**自分の「得意なこと」を活かして、本当に「やりたいこと」をして成功し、お金も地位も名声もあるような、キラキラした人の日常を嫌というほど見せつけられる**世の中になっているのです。

例えばそれが、誰もが知っているような有名人であれば、単純に自分と比較はしないでしょう。でも、自分と近しい境遇の人物が華やかに生きていると、どうしても気になったり、焦ったりしてしまう。

「同い年なのに、彼はものすごく成功している」
「同じ学校を卒業したのに、彼女はいつも輝いていて幸せそうだ」
「それに比べて自分は……」
そんな、やるせない思いにとらわれやすくなっているのです。

普通に考えると、人それぞれ育ってきた生活環境が違えば、持って生まれた特質や才能も違います。それらが前提にあるうえで、さらに努力の量や人間関係のネットワーク、また運なども含めてあらゆるものが違うわけであって、単純に自分と他人を比べても有意義ではありません。

ですが、みなさんの**手元にあるスマートフォンには、そんなギャップに関係なくあらゆる情報がフラットに飛び込んできます。**すると、それら他人の情報をストレートに受け止め過ぎて、単純な比較をしがちになるのでしょう。

インターフェースを通して情報がフラットに表示されること自体は、僕はポジティブに捉えています。**フラットであるとは、優劣や上下関係がないということ**だからです。

それこそ、みなさんの会社のオンライン会議でも、社長であろうが新入社員であろうが、すべて同じサイズの四角い面積しか与えられず、横並びで表示されることは象徴的です。

ビジネスの目的は「課題解決」ですから、物理的な距離やヒエラルキーを感じさせづらいオンライン会議のほうが、余計な配慮や忖度などに労力を割かれることなく、目的に集中できるはずだと僕は考えています。

ただ、せっかく情報をフラットに扱いやすい時代になり、仕事や会議のあり方が変わりつつあるのに、いざ自分に似た境遇で活躍する人たちがたくさん目に入ってくると、あらゆる面で自分より優れていることを見せつけられて焦ってしまうことになる。

よく考えると、**それはただ自分とは「違う」というだけなのですが、勝手に優劣をつけてしまう**のです。

なぜそんなことになるのかといえば、**自分の立ち位置を知るときには、なにかしらの〝単位〟が必要になる**からです。

自分を分析するときに、自分とは似ても似つかない人と比べても、有用な情報はまったく得られません。ビジネスパーソンなら、似た属性のビジネスパーソンという〝単位〟を参考にするでしょうし、起業家なら起業家で、やはり年齢や業種が近い起業家という〝単位〟を参考にするはずです。

すると、いとも簡単に、そこに**「他者との比較」**という視点が入り込んでしまう。そうして勝手に優劣をつけて凹んでしまったり、他人の活躍を見ただけで、大切ななにかをあきらめたりしてしまうのです。

自己表現をためらうマインドセット

誰かの意見や考え方が、自分に向けて簡単に飛んでくる世の中になったことも、自分のいい面や「得意なこと」を見えづらくしている原因のひとつです。

自分の判断を混乱させたり、自己表現をする勇気をくじいたりするような他人の意見が、自動的に入ってくる状態に置かれているわけです。

僕の場合でいうと、自分の意見をＳＮＳに投稿すると、見ず知らずの匿名アカウントから突然、批判されるようなことが起こります。そんな場合は即ブロックするだけですから、僕自身はまったく気になりません。

でも、人によっては、せっかく自分の強みや「得意なこと」を活かして自己表現をしようとしても、ネガティブな反応に嫌気が差したり、周囲で攻撃された人を見て及び腰になったりする場合があるのです。

つまり、情報の流れが双方向であることによって、自分のちょっとした発言や、賛否が分かれやすいテーマについての意見に対し、激しい攻撃が四方八方から飛んでくる世の中になっているのです。

すると、**せっかく多様な考え方や価値観が共有されることで個人の可能性も広がっているのに、自分をオープンにしない方向へと気持ちが向いてしまう**ことがあるというわけです。

さらにいうと、自分をオープンにしない姿勢には、日本人特有のマインドセットも影響しているかもしれません。

僕がかつて日本マイクロソフト社に勤務していた際に、グループウェア（情報共有系システム）のシステム構築や提案に携わっていたときのことです。そのシステムをユーザーに利用させる際のアプローチが、アメリカと日本の製品とで真逆であることに気づきました。

どういうことかというと、アメリカでは、ユーザーができる限り多くの人に情報発信できる設定を好む傾向があります。かたや日本は、「いかに限られた人しか見られないようにするか」という、権限設定を重視する傾向があることを知ったのです。

前者はできるだけ情報をオープンにする発想なのに対し、後者はできるだけ情報をクローズにし、サイロ化（組織やシステムを連携できず孤立してしまい外部と情報共有できない状態）させるマインドが働いているということです。

現在、僕は様々な企業と仕事で関わりを持っていますが、各部署間で、財務状況などを含めた情報がすべてブラックボックス化している会社は少なくありません。

そこで、「なんのためにクローズにしているのですか？」と聞くと、ほとんどの場合、はっきりした理由は得られません。要するに、**どちらかを選べるなら、「情報は出し過ぎないほうがいい」という方向へ自動的に考えてしまっている**ふしがあるのです。

思えば、「波風を立てない」「出る杭《くい》は打たれる」「秘すれば花」といった言葉があるように、これにはおそらく**日本人特有のマインドセットが影響している**面があると僕は見ています。

「できれば静かにしておく」「なるべく表に出さない」という姿勢が、なんとなく〝大人の振る舞い〟であるかのように、無条件にいいこととされているように感じるのです。

自ら選べないし、自ら選ばなくなる

ここまでをまとめます。なぜ「得意なこと」がいつまでもわからないのかという問題には、大きくふたつの原因があります。

①情報過多による混乱と「他者比較」

②自分で自分を制限するマインド

ひとつ目の原因は、**「情報過多」**であることで、**自分が選べる**（選べそうと思える）**選択肢があまりに多過ぎて、どうすればいいかわからない**（＝行動できない）**状態に陥ってしまう**ことです。

それに伴い、**先行している成功者の情報が比較対象としてインプットされ、自分を戸惑わせたり、混乱させたり、怖気づかせたりすることが原因**だということです。

1990年代後半に、アメリカの心理学者であるシーナ・アイエンガーとマーク・レッパーが行った有名な「ジャム実験」というものがあります。スーパーの試食ブースで、ジャムを6種類用意した場合と、24種類用意した場合で、実際の購入率を比較した実験です。結果は、前者は消費者の30パーセントがジャムを購入したのに対し、後者はなんと3パーセントでした。

この実験からわかることは、**選択肢が多過ぎると、選択することに疲れてしまい、行動に至らない**（＝購入しない）ということです。

身の回りに情報や選択肢が多くあるのはむしろいいことだという見方もありますが、

実際は、脳の処理能力を超えるような数多くの選択肢を提示されると、肝心の情報を処理することができなくなります。テクノロジーは進化しても、脳のサイズは20万年前からほぼ変わらないのですから、結局はキャパオーバーになるわけですね。

また、選択肢が多過ぎると、**選ばなかった選択肢がいつまでも気になってしまい、後悔する可能性も高まる**といえます。これはまさに、「他者比較」という視点にもつながるでしょう。

ふたつ目の原因は、本来はもっと多くの選択肢があるはずなのに、**自分で自分に制限をかけてしまう**ことです。

僕自身、現代という時代は（もちろん国や地域、文化などによって異なりますが）、かつてなく「オプションフリー」な状態になっていると捉えており、**自分のすべての行動は、ただ自分の「意思」で選べばいい**だけのことになっていると考えています。

でも、なぜかそれを、「自分勝手ではないか」「まわりに迷惑をかけるんじゃないか」「なんでも好きなように選ぶのは大人気ないのでは？」などと考えてしまうマインドが（特に日本人には）強くあるようです。そうしたマインドが、自分で自分の行動を邪魔してしまうということです。

端的にいうと、まわりの空気を読み過ぎてしまうということでしょう。

そうして会社や社会で、あるいは家庭においてうまく立ち振る舞っているつもりが、結果的に、むしろ自分の可能性を知らず知らずのうちに制限してしまっているというわけです。

そして、このふたつに共通することとしては、結局のところ**「行動」できない状態に陥る**ということを、ポイントとして押さえておきます。

僕の「得意なこと」はぼんやりしていた

ここで僕自身のことも、少し「自己分析」してみましょう。

実は、僕はこれまでの人生において、「得意なこと」がわからずに苦しんだ時期というものがほとんどありません。なぜなら、目の前にある仕事ができずに苦しんだ時期のほうが圧倒的に長く、「得意なこと」を探す時間や精神的な余裕がなかったからです。

僕はかつて文系学部を卒業し、専門知識がない状態でエンジニアとして採用されました。1993年当時は、いわゆる文系SEと呼ばれる職業のニーズが増えていた時期で、エンジニアが具体的にどのような仕事をするのかをあまり理解していない状態で職業人生のスタートを切ったのです。

では、なぜエンジニアになったのか？　それは、映画『007』シリーズに登場する、Qというコンピュータの専門家であるキャラクターに憧れていたからです。

主人公であるジェームズ・ボンドは、それこそ派手な破壊工作はお手の物ですが、なにかをつくったり生み出したりすることはあまり得意ではないようです。でも、Qにはそれができる。それゆえ、最強のスパイであるボンドも彼を尊敬しているので、僕も「Qみたいな職業を自分の仕事にできたら最高にかっこいいいな！」と大真面目に思っていたのです。

つまり、**自分が「やりたいこと」のイメージは明確にビジュアル化できていたもの**

の、具体的にやることや、「得意なこと」の解像度はかなり低く、ぼんやりした状態でした。

それでも、「エンジニアになって他者よりもコンピュータを扱うスキルを身につけ、周囲の大多数よりも先行したい」とは目論んでいました。

要するに、**「エンジニアになること」が目的になっている状態だった**わけです。

普通であれば、自分の「やりたいこと」や理想に向かうために、エンジニアリングという手段を選ぶのですから、手段を目的化していたともいえます。これは実にやっかいな状態であり、そのため職業人生の最初の数年間は本当に難儀しました。

自分の能力がまったく追いついていない目の前の仕事の先に、なりたい理想の姿だけが明確にあったということなので、理想と現実とのギャップにかなり苦しんだのです。

しかし、ラッキーなことに、1995年にインターネットが普及しはじめ、ITの世界自体に激変と混乱の時代がやってきました。ひと口にITエンジニアといっても、そのなかの職種が激増しはじめたのです。

その典型はウェブエンジニアやウェブデザイナー、フロントエンドエンジニアなどで、それらの職業は1995年より前にはほぼ存在しませんでしたが、いまではこちらのほうがマジョリティーです。生成AIが出てき始めた頃でいえば、プロンプトエンジニアが登場したときに似ているでしょうか。

そして、僕はこの頃に、簡単にいうと、「ITについて一般の人にわかりやすく話す」という新しい仕事をするようになりました。

もともと話すのが得意だったわけではありません。ただ、**自分がコンピュータについてあまりにわからないことが多かったので、自分自身が理解するために、専門知識を嚙《か》み砕いて理解することが生存戦略として身についていた**のです。

そして、その「行動」をずっとひとりで続けていたところ、インターネットの普及という〝偶然〟によって、それを他者に伝えるニーズが急増し、結果的に新しいスキルとして転用することができたのです。

「行動」によって自分に〝ゆらぎ〟をつくれ

「新しいニーズに応えられたのは単にラッキーだったのでは？」と思う人もいるかもしれません。確かに、インターネット登場のタイミングは僕にとって偶然のタイミングだったので、その側面はあるでしょう。

ただ、ここでお伝えしたいのは、**結果的にスキルの転用ができたのには、やはり先になんらかの「行動」があった**と見ることもできるということです。

例えば、僕がQという存在に憧れたのは、その前に『007』シリーズを映画館に観に行くという能動的なインプットがありました。また、映画のなかでQがボンドにデータなどを解説する姿を観ながら、自分もITに関する能力を活かして、誰かにその知識を説明している姿を〝妄想〟していました。

それに伴い、実際に周囲のIT初心者の人たちの疑問に答えたり、簡単な説明をしたりする行動をとるようにもなりました。

つまり、与えられた情報をただ受け取るだけではなく、強い憧れを原動力にして、自分の理想の姿と重なるような行動を半ば無意識のうちにしていたのです。

このように僕は、**頭のなかから勝手に生じてくるイメージですら、思考だけで生まれるのではなく、むしろ行動の結果（過去の体験）ではないか**と考えています。

受動的に流れてきたウェブ記事を読み、ニュース動画などを習慣でインプットするだけでも得られるものはあります。でも、そうしたフラットな情報は、なかなか自分のなかにインパクトを持って残りづらいと感じます。

それよりも、**自分から能動的になんらかの「行動」をすることで、自分のなかにインパクトをもって残るような〝ゆらぎ〟をつくっていく。**こうした行動が、自分の「得意なこと」に近づいていく有効な手掛かりになるのではないかと思うのです。

先に、自分を分析するためには、なにかしらの〝単位〟が必要だと述べました。それを知ることも、自分の「得意なこと」を見つけるための重要な手掛かりになります。

もちろん、そうした〝単位〟で単純比較をして、必要以上に落ち込んだり、夢をあきらめたりする場合もあるでしょう。しかし、そのような場合、たいていは受動的に得られた情報である場合が多くはないでしょうか？　**自分とそれらの情報をただフラットに比べてしまっていて、そこに強烈な憧れや妄想がない**わけです。

そうではなく、自分を分析するための〝単位〟自体もまた、自分の能動的な行動の結果として手に入るものなのです。

つまり、先に「行動」をしないから、自分の「得意なこと」に関連するような出会いやインプットが現れない。そして、ビジュアル化されたイメージすら頭のなかに浮かんでこない場合もあるというわけです。

そんな、ある意味では〝空っぽ〟の自分を無理やり分析しようとするから、自己分析という作業がどんどんつらいものになっていくのでしょう。

「やりたいことがわからない」という悩みも、これに尽きます。

やりたいことがわからないのは、その具体的な中身を考える以前に、そもそも「やりたいこと」や「ありたい姿」のイメージが明確に浮かんでいない（妄想していない）

からです。

先述したように、僕の場合はその具体的な中身はまったく理解していなかったわけですが……それはさておき、「やりたいこと」のイメージすら頭のなかに生じていないのは、やはり能動的な「行動」が不足しているからだと見ることができます。

“ゆらぎ”をつくると自分だけに向けた情報が増える

「でも、いくら行動しろといわれても、それが一番難しい」

「そもそもやりたいことがはっきりしないから、なにからはじめればいいのかわからない」

そのように感じる人もいるでしょう。

先に、僕の『007』シリーズのQの例を挙げたために、はじめから自分が夢中になれることが必要だと思われたかもしれませんが、決してそうではありません。

現時点である程度強い憧れや惹《ひ》かれるものなどがあるなら、それを手掛かりにして考えるのはいい手ですが、それらがない人でも方法はあります。

一例として、僕が会社員時代にやっていた、自分に効果的に〝ゆらぎ〟をつくる方法を紹介しましょう。

ポイントは、**自分に〝ゆらぎ〟をつくっていくには、日常生活におけるちょっとした行動で十分**だということです。


休暇で旅行へ行ったときに、周囲にお土産を配ることがありますが、僕がよくやっていたのは、それを平時に堂々と行うという方法です。

コンビニで売っているお菓子でいいので、誰もが好きそうな、一つひとつが袋に入っている定番のお菓子を買い、「よかったらどうぞー」といって等しく全員に配り回るのです。

僕の経験上、そうした行動に対して、嫌な顔をする人はほとんどいません。高級ショコラティエのセットを渡されたら「え、どうした？」となるでしょうが、どこにでもあるお菓子なら、ほとんどの人は「ありがとう」といって受け取ってくれるはずです。

そして、そんな行動をきっかけにして、**お菓子を手渡すときに、ひとことでもいいので相手に話しかける**のです。これが、自分に〝ゆらぎ〟をつくるという行動のイメージです。

無理に話しかける必要はありません。「これどうぞ」とお菓子を手渡すだけで十分ですし、そんな行動を時々繰り返していれば、ある日、あまり話したことがない人とも、ふと話せる機会がやってくるものです。

「あ、別にいいです」と断られることもあるかもしれませんが、それはそれで、相手に関する情報を得ることができます。

もしかしたら、相手はダイエット中なのかもしれないし、甘いものが好きではないのかもしれません。すると、それ以降は、その相手に対してダイエットや甘いものを意識した言動や配慮ができるわけです。

ここでのポイントは、**行動することで貴重な情報（インプット）が増えていく**ということです。しかも、それは誰もがフラットにアクセスできる情報ではありません。

自分で行動するからこそ、自分だけに向けた情報がどんどん増えていくのです。

先に、百貨店のバックヤードでのエピソードを紹介したように、特定の場でよくあるとされている情報が、一般的にはほとんど知られていないことはよくあります。

そうした特定の人しか得られない情報も、自分がちょっとした行動をすることによって、自然なかたちでシェアしてもらえるというわけです。

繰り返しますが、大胆な行動は必要ありません。

むしろ**自分に〝ゆらぎ〟をつくる行動を続けていくことが大切**です。

自分の「得意なこと」になんとなく気づいたり、「やりたいこと」のイメージがぼんやりと現れてきたりするそのときまで、自分に〝ゆらぎ〟をつくり続けていくのです。

海のなかで〝ゆらぐ〟クラゲやワカメのように

自分のちょっとした、しかし能動的な行動によって、自分自身に〝ゆらぎ〟をつくっていく戦略をみなさんに共有しました。

この〝ゆらぎ〟の感じをより明確に伝えるために、メタファーを用いて考えてみます。

メタファーで考えることの利点はいくつかありますが、抽象的な概念を具体的なイメージに置き換えることで理解しやすくなります。また、異なるアイデアや知識などがつながりやすくなることで新しい洞察が生まれたり、視野や想像力が広がったりしていきます。

あくまで僕なりのメタファーですが、自分に〝ゆらぎ〟をつくるとき、その自分は、海のなかでゆらいでいるワカメのようなイメージです。

海の上の出来事に関係なく、軽やかに自分だけでゆらいでいるワカメの姿を少し想像してみてください。海の上の世界がいくら荒れ狂っていようとも、自分だけのペースでゆらゆらとマイペースにゆらいでいるワカメ。なんだかとても楽ちんで、自由で、軽やかに生きている姿が浮かんできませんか？

もちろん、海の上の世界に合わせてゆらぎが大きくなったり小さくなったりすることはあるでしょう。でも、どこかの岩にしっかりと根を張りながらも、自由にゆらぐことができれば、なにが起こっても案外落ち着いた状態で生きていけるような気がしませんか？

そして、このゆらいでいるワカメは、**特定の場所に拠点を置きながら、自分の「得意なこと」で分野横断的に活躍する、これからの組織人の姿**と重なっていきます。**組織のなかにいても、どんどん自由にゆらいでいけばいい**ということです。

〝ゆらぎ〟といえば、クラゲをイメージしてもいいでしょう。クラゲのように、海のなかを好きなだけ自分のペースで漂流できるなら、もはやまわりの世界の出来事はほとんど影響しません。

実際、組織で働くことをやめたいまの僕は、このクラゲのメタファーにより近くなっています。**自由なスタイルで複数の仕事をしながら、どこにも属することなく独立して働く姿**と重なるからです。

いずれにせよ、ポイントは「船に乗る」というメタファーではないことです。船は、波風が立つたびに大きく上下左右に揺れてしまいます。つまり、いったん船に乗り込むと、まわりの世界の影響をもろに受けてしまうわけです。

実は、社会のなかで生きるうえで多くの人が避けたがるのは、この「波風が立つ」という状態です。そうであるにもかかわらず、よく考えないで船に乗り込んでしまうから不思議です。「できるなら丈夫そうな大きな船で……」と考える人もたくさんいます。

しかし、**波風（＝周囲の環境・出来事）は自分の力でコントロールできません。**

多くの人はまだ見ぬ不安や恐れから、できるだけ大きな船に乗り込もうとするわけですが、たとえ安全に見える船でも、不測の事態はいつだって起こり得ます。船が巨大過ぎてメンテナンスに不具合が起こることもあるでしょう。これは、大企業の度重なる不祥事や赤字などに象徴されますし、かつて1989年頃に世界の時価総額ランキングを席巻した日本企業の多くは現在はトップ20位外へ弾かれてしまいました。

また、現在の気候変動や地政学的な状況を考えると、「どんな船でも安心」ということはないはずです。実際に僕たちはコロナ禍という未曽有の災厄を経験しましたし、大国に挟まれた日本は、経済安全保障の観点でもかなり不安定な状況に置かれていま す。

最悪の場合、船ごと遭難したり、転覆したりすることも十分にあり得るのです。

さらにいうと、比較的安定した船であっても、その船内には独自のメカニズムが働いています。組織の構造や古い慣習、他者の思惑に至るまで、自分の力だけで思い通りに動かすことなどできません。それによって、精神的なストレスが積み重なることもあるでしょう。

そんな**一蓮托生《いちれんたくしょう》の船に乗り込むと、これからの時代は逆にリスクを負う可能性が高くなる**と見ることもできるのです。

ゆらいで生きることからはじめる

誤解のないようにいうと、組織に属するのがよくないと述べているのではありません。組織に属さなければ携われない仕事は世の中に数多くありますし、すべての船員の能力を活かし切る素敵な船だって探せばたくさんあります。

お伝えしたいのは、ただひとりが怖いという理由だけで船に乗り込んでいるのなら、**いまから組織のなかで、ワカメのように自由にゆらぐ働き方や生き方に変えていこう**というひとつの提案です。

もちろん、クラゲのように、より自由にゆらいで生きる方法もあります。

そもそも、**世の中に波風が立つのは大前提**であるはずです。そうであるなら、**最初から自分の居場所を海中にしてしまったほうが合理的**ではありませんか？

外の世界がいくら荒れ狂おうとも、そんなことにとらわれず、常に自分の軸に従って働いたほうが、生きやすくなるのではないでしょうか。

先に、自分の弱点や過去に向き合うから自己分析はしんどいものになると述べました。ましてや自分をとりまく世界に波風が立っているなかで、自分と向き合おうとするなんて大変です。

でも、もともと海のなかでゆらぐように生きていれば、どんな波風にも向き合う必要なんてありません。

「なんだか海の上のほうが騒がしいね」

「海がちょっと荒れているようだね」

そんなことをいいながら、いつも軽やかで自由に、何物にも束縛されずに生きていればいいのです。

そうして力を抜いてゆらいで生きているワカメやクラゲは、一見弱いようですが、骨を折ることもありませんから、実はしなやかな強さを持って生きていくことができるというわけです。

常にゆらいでいると、海のなかにあるいろいろな情報を手に入れることもできます。

海中で自由に漂うクラゲなんてかなりの情報を持っていそうですし、きっとワカメも多様な情報を定点観測しているに違いありません。

もっというと、成長して大きなワカメになれば、そのなかに貝や魚をはじめいろいろな生き物が共生しますから、**「他人にとっての居場所を提供する」役割を担うこともできそうです。**クラゲならば、自分自身をキラキラと光らせて、ありのままの姿でまわりを魅了してみるのはどうでしょう？

みなさんも、クラゲやワカメのようにもっと力を抜いてゆらいでみましょう。周囲の常識や「あたりまえ」から自分を解放するのです。ワカメやクラゲのように生きるには、学歴も資格も必要ありません。誰でもいますぐはじめることができます。

最初は勇気が出ないこともあるかもしれません。

でも、**いまいる場所のままでも、少なくとも頭と心を自由にして、軽やかにマインドセットを変えていくだけでも試す価値がある**と僕は思います。

そうして先に紹介したような、ちょっとした「行動」からはじめていき、自分に〝ゆらぎ〟を与え続けていく。すると、自分にだけ向けた情報が自然と集まってきて、そのなかに自分を変えていく手掛かりが見つかるようになります。

気づけば、いつの間にか自分自身がゆらいでいて、クラゲやワカメのように、ありのままに自由に生きているかもしれません。

なにかと向き合おうとして悪戦苦闘するのではなく、ゆらいで生きることからはじ

める。

僕の「得意なこと」や「やりたいこと」の見つけ方は、そんな軽やかなイメージなのです。

「面白いか、面白くないか」でゆらいでみては？

自分の「得意なこと」に気づいたり、「やりたいこと」のイメージがぼんやり現れてきたりするときまで、自分に〝ゆらぎ〟をつくっていけばいいとお伝えしました。繰り返しますが、なにも人生を激変させるような大胆な行動をする必要はないのです。

言い方を変えると、**興味があることには、ほんの少し背伸びするくらいの感覚で、なにはともあれ「ちょっとやってみる」のがいい**という感じです。

すると、昨日まで知らなかったことを今日知ることができるわけですし、今日できなかったことが明日できるようになっているかもしれません。

それって案外楽しいことではないでしょうか？


別に、成長志向ということではありません。なにを隠そう、僕は子どもの頃から、むしろ成長意欲がまったくもって低いタイプでした。

僕はただ無理せず、あるがままに、自分に素直に生きているような感じです。

もっというと、**僕の判断基準は「面白いか、面白くないか」というシンプルなもの**です。現状にずっと立ち止まっていると、どうしても飽きてしまうし、性格的に飽きるのがとても嫌なだけなのです。

だから、常にじっと考えているだけでなく、かといって大胆な行動に踏み出すわけでもなく、ただ自分が面白いと感じるものを求めて、いろいろな場所でゆらいで生きています（それを別のアングルから見れば、もしかしたら成長意欲が高いように見えるのかもしれませんが）。


ちょっとだけ意地悪な言い方をすると、よくいわれるキャリアの成長というのは、一般的に資本主義社会における経済のエコシステムに期待された成長を指しています。要は、僕たちが企業のなかで成長することの本質は、会社がより儲《もう》かるための動力としての成長が期待されているということです。

だから**「もっと成長しよう！」「もっとキャリアアップしよう！」と考えることは、そう考えさせられている可能性が高い**わけです。そうして自分以外の巨大な仕組みに、自分の思考が取り込まれてしまうことに対して、僕は人よりも生理的な嫌悪感を強く抱くのかもしれません。

もちろん、会社や組織など特定の場所での成長が、自分の理想やビジョンと一致しているのなら、それはとてもハッピーなことです。僕自身、会社員時代の前半は相当苦しみましたが、ある時期から「ＩＴの語り部」という自分の新しい一面を発見し、少しずつ働くことが楽しくなっていきました。

いまではそれはライフワークのひとつになり、会社員を辞めたあとも、生業のひとつとして活用しています。

ただ、これについても僕は、**新しいテクノロジーに興味があるからそれに飛びつい**

ているだけなのが正直なところなのです。

資本主義社会における右肩上がりの自己成長を目指しているわけではなく、自分の感性に引っ掛かるものや、新しいものを求める本能に素直になり、ただクラゲのように漂っているのが僕という人間です。

もしいま、あなたが「得意なこと」が見つからないと不安になったり焦ったりしているなら、クラゲやワカメのように、自分に素直に自由な気持ちで生きたほうが、案外見つけやすいと思います。

あくまで選択肢のひとつとして、そうした考え方や行動の転換をちょっと試してみてもいいのではないでしょうか？

未来へ自分を探しに行こう

ここまでメタファーを使ってお伝えしてきたことをまとめます。

まず、行動の入口として、いつもの自分のパターンに〝ゆらぎ〟を与えていくことからはじめることをおすすめしました。

そうすると、自分だけの情報がどんどん増えることで、やがて「得意なこと」のイメージがなんとなく浮かんだり、気づいたりするようになり、少しずつそのイメージが固まりはじめます。

また、ワカメやクラゲのように生きることは、いますぐにでも、誰でもできることだと書きました。

これらを踏まえて、本書のテーマである自分の「得意なこと」の見つけ方について大事なことをお伝えします。

それは、**あなたにとって重要なことは、実はあなたの過去ではなく未来にある**ということです。

自己分析や自分探しというのは、過去の出来事から重要な手掛かりを見つけ、それと向き合おうとすることではなく、**「自分が未来にどうなりたいのか」を描いていくこと**だということです。

要するに、**自分というのは未来にある**と考えることがポイントです。

自己分析や自分探しをするとき、たいていの人は手元にある自分の過去のデータを起点にして考えがちです。

確かに、過去の経験や出来事が「得意なこと」を見つけるための材料にはなります。なぜなら、**過去の経験や出来事のなかに、本来の自分のかけらが埋もれたままになっている場合があり、それらに気づくことが、自分を「再発見」することにつながり得る**からです。

そんな自分の過去を振り返り、未来へとつなげていくポイントについては、第3章(97ページ)で詳しく紹介します。

とはいえ、過去のデータを起点にして現在や未来の自分を考えていく方法が、あまりに横行しているのではないかと僕は感じます。例えば、「わたしはむかしから○○が得意だったから、これから○○を活かせる仕事を見つけよう」というふうに思考を展開してしまう。

でも、それではあまりに過去の枠組みにとらわれているし、自分の未来も否定し過ぎているように僕には思えるのです。

自分の過去に起こったことは、現在や未来に行うことを言語化するためのエビデンスにはなります。「なぜ自分はこれがやりたいのかというと、過去にわたしはこういう経験をしていて……」と説明するときに使えるエビデンスとしての価値はあります。

ただ、**過去にそのような人間だったからといって、これからも同じような人間として生きていく必要なんてありません。**

過去の扱い方を取り違えて、自分の過去を掘り下げることで未来を描こうとするから、自己分析や自分探しがしんどくなってしまうのです。

そうではなく、自分の「得意なこと」を、ゆらぐように行動しながら探していくほうが、軽やかにワクワクしながら未来へ進んでいくことができます。

「こうなりたい」と思える自分の未来をむやみに否定しないようにして、**自分を過去に探しに行くのではなく、未来に探しに行く――**。

そんなマインドセットを持つことからはじめていきましょう。

第2章

「ありがとう」といわれる才能

自分を縛る思考から、自分を解き放て

第1章では、自分の「得意なこと」を見つけていくために、行動重視の戦略を紹介しました。

簡単にいうと、頭だけで「自分の得意なことってなんだろう？」「わたしの強みっていったいなに？」などと悩むのではなく、これまで自分があまりしなかったようなちょっとした行動を積み重ねることで、自分に〝ゆらぎ〟を与えていく方法です。

自分のことを考えようとすると、どうしても主観的になりがちです。もちろん、「得意なこと」はあくまでも自己評価が中心で、他者からの評価で成り立つものではありません。ただ、主観的に考えすぎると、見当違いの考え方にもとらわれやすくなってしまいます。

また、自分について考え続けていると、自分のあり方や生き方を根本から検討せざるを得なくなることもあります。そして、最終的には「自分とはなにか？」という哲学上の大問題にまで行き着きかねません（もちろん、徹底的に思考を積み重ねること自体は素晴らしいのですが、哲学的思考とはものごとの「本質」を摑もうとすることであり、そもそも主観的思考ではありません）。

そうして、いつまでも「自分」に悩み続けてしまうと、自分の「得意なこと」についても答えなんて出るはずがありません。

自己分析のしんどさ、難しさはこの点にあります。

端的にいうと、**自分のことを主観的に考えていても結局はよくわからない**のです。

そこで、日常から行動によって自分に〝ゆらぎ〟を与えていく戦略をおすすめしているわけですが、このとき**第三者の客観的な視点を参考にすると、案外「得意なこと」に気づきやすくなる**側面があります。

例えば、僕はよく学生やビジネスパーソンから進路の相談を受けるのですが、このとき**「得意なこと」「やりたいこと」「向いていること」**をごちゃまぜにしている人が結構な割合でいます。ここでの「向いていること」というのは、自分でも認識はできますが、おもに周囲からいわれることを意味しています。そして、自分の「得意なこと」はなにかと考えたとき、「やりたいこと」や「向いていること」とすべて一致してはじめて、「得意なこと」といえると思い込んでいる人が多いようです。

どういうことかというと、「あなたは○○をやるととてもいいね」といわれても、「いや、わたしには向いていないんです」と答えてしまうのです。おそらく、「やりたいこと」と、主観的に認識できる「向いていること」が一致していれば、「これが自分の得意なことだ！」と自信を持って主張しやすいのかもしれません。

あるいは、「自分には向いていない」と思いたい心理には、本当は向いていないのではなく、ただ「やりたくない」という場合もあります。人間の心理は、実にややこしいと感じます。

でも、それらすべてを一致させねばならないわけではありません。一致することもあれば、しないこともある。僕が常々お伝えしているメッセージに、「べき」で考えないというものがあります。なぜなら、「べき」で考えた瞬間に、思考が停止してしまうからです。

いずれにせよ、本当は「得意なこと」を持っているのに、その素晴らしさに自分で気づいていないことはよくあります。「得意なこと」というのは、**周囲からの「この人はこれをやると素敵だな」「これをやると凄くいいよね」という評価が教えてくれる場合もたくさんある**のです。

もっというと、「やりたいこと」「向いていること」だから、得意になるわけでもありません。確かに「向いていること」をやったほうが「得意なこと」になる可能性は高いのですが、それすらも別にマストではありません。

いろいろと書きましたが、大切なのは、そうした**自分で自分を縛る思考から、自分を解き放つ**ということです。

もちろん、やりたくないことを無理にやる必要はありません。たとえ、自分に向いていても、やりたくないことは続けにくく、結局はさほど「得意なこと」にもなり得ないからです。

でも、どうしてもやりたくないというほどでもなく、誰かが喜んでくれるのなら、僕は「とりあえずやってみてもいいんじゃない？」と思います。

あれこれ考える前に、もうやってしまったほうがいい。必要なのは、そんな軽やか

さなのです。

僕がプレゼンをはじめた理由

人から向いているといわれても、自分がやりたくないと思うのなら、別にやらなくていいでしょう。なぜなら、たとえ向いていても、自分はそれを「得意なこと」と認識しないという「意思」があるからです。

でも、**そこまで明確な意思がない場合は、まずはやってみる、試してみる、かじってみることをおすすめします。**すると、自分の可能性が広がるかもしれず、結果的に他の「得意なこと」にだってつながるかもしれません。

ある程度考えても「得意なこと」が見つからない場合は、そのままの状態でどれだけ考え続けても、見つかる可能性は低いと捉えることもできます。

だからこそ、先に考えるのではなく、考える前になんらかの行動をしてみる。

そうしてはじめて「得意なこと」に関する手掛かりを得たり、結果として「得意なんだ」と気づけたりするわけです。

僕の主な生業のひとつにプレゼンテーションがあるのですが、それに対してはじめて「得意なこと」というタグをつけたのも、まさに他者から「向いているよ」といわれたことがきっかけでした。

２００６年に、マイクロソフト社の「Chairman's Award」を受賞したときに、ともに最終候補者としてノミネートされていた女性から、**「澤さんはプレゼンを誰かに教えるといいと思うよ」といわれたひとことがきっかけ**です。

当初は、「そんなものかな?」と思いましたが、試しに社外で教えてみたところ、とても評判がよかったのです。その体験をきっかけに、僕はプレゼンテーションを自分の「得意なこと」として明確に意識できたのでした。

また、先に述べたように、実際に「行動」することではじめて、「世の中にはプレゼンを苦手に感じている人がたくさんいる」という情報を、実感として知ることができました。

それ以降、**僕は数え切れないほどのプレゼンをしてきましたが、すべては「まずは**

やってみる」という行動からはじまったのです。

「ありがとう」といわれる才能

「それ、あなたに向いているよ」といわれることは、「得意なこと」につながる手掛かりになると述べました。

もうひとつ、人からよくいわれるキーワードがあります。

それが、**「ありがとう」**です。

「ありがとう」という言葉は、誰しも普段よくいわれる言葉ですが、意識していなければ、するりと聞き流したり、抜け落ちたりしてしまう言葉でもあります。

僕が「ありがとう」といわれて、不思議と強く印象に残っているエピソードがあります。

もう数十年も前に、かつての職場で懇親会のような社内イベントが行われたときのことでした。お寿司を取ってみんなでつまみながらわいわいやって、会も終わりに近づいたとき、派遣社員の庶務の女性が、なぜか寿司桶《すしおけ》を洗う羽目になってしまったのです。

もちろん、彼女はそんなことをするために雇われたわけではありません。でも、庶務ということで、なんとなく彼女のところに寿司桶が集められたわけです。

そこで、大量の寿司桶を洗っていた彼女に気づいた僕は、一緒に洗うことにしました。そのとき、彼女から「ああ、本当にありがとうございます！」と、ものすごく感謝されたのです。

このエピソードにはふたつのポイントがあると、僕はのちに振り返りました。

ひとつ目は、**つまらないプライドを持たずに、気づいたらすぐ行動する**大切さです。「いやこれ、ひとりで洗うのは大変だから手伝うよ」と、まず一歩を踏み出すことがとても重要です。**行動しなければ状況はなにも変わらないので、その状況に自らが〝ゆらぎ〟をつくっていく**のです。

ふたつ目のポイントは、それが**「得意なこと」だから行動できたわけではない**ということです。

僕は、食器を洗うのが得意だから手伝ったのではありません。なんとなくまわりを見渡したとき、困っているのにみんなに気づかれていない人を見つけ、なんとなく手伝っただけです。でも、結果的にその行動がとても感謝され、ずっと僕のなかにいい記憶として残ることになりました。

そしてあるとき、僕は不意に気づいたのです。

「そうか、僕は〝気づく〟ことが得意なのかもしれない」

思えば、講演やプレゼンをしたり、企業の顧問として意見を述べたりするときも、「こういうことではないですか？」といろいろなことに〝気づく〟から、具体的なコメントができます。

そうして多くの人が見過ごしがちな、細かくても本質的なことに気づけるため、それがありがたがられて、仕事のニーズが増えていったという感じです。

つまり、先の「どうしてひとりで寿司桶を洗っているんだろう？　僕も手伝おうかな」という気づきや行動と、「この解決策に抜けているのは○○だから、これについてコメントしよう」という気づきや行動の根っこは同じだということです。

どちらにも共通するのは、「他の人が気づかないことに気づく」ということだったのです。

まとめると、人からいわれたポジティブな反応を洗い出し、その共通点を探っていくと、「得意なこと」に結びつく可能性は高くなるということです。

「それ、きっと向いているよ」
「それ、やってみたら？」
「本当にありがとう！」

そんな、他者からの言葉が、あなたの「得意なこと」につながっていくかもしれません。そう、**ヒントは日常のいたるところに転がっている**のです。おそらく多くの人は、それをただ見過ごしてしまっているだけではないでしょうか？

さらに、結局のところ「ありがとう」という言葉は、ただ考えているだけではいわれません。存在しているだけで「ありがとう」といってくれるのは、家族やパートナー、親友などごくわずかな人たちだけでしょう。

ささやかでもいいので、なんらかの行動をしてはじめて、他者から「ありがとう」といわれるということです。

逆にいうと、他者から感謝されたり、提案されたりすることは、先に自分がなにかの行動を起こした証です。そんな証を普段から少しずつ積み重ねていけばいいのです。

そうしていく過程で、ふと自分の「得意なこと」に気づく場合もあります。

好奇心と想像力を持ち続けよ

あなたが他者からいわれる言葉や感謝の表現は、あなたの「得意なこと」の発見に直結している可能性があると述べました。

そんな他者からのシグナルも踏まえたうえで、**自分が「やってみたい」と感じたこ**

とは、とにもかくにもやってみましょう。時間は有限です。特にさほどコストも掛からないことは、即行で試してみたほうがいいでしょう。

どうしてもやりたくないもの以外は、とりあえず「試す価値あり！」にして、すべて参考材料として自分の行動リストにストックしておきましょう。

その意味では、「得意なこと」を見つけるには、なにより「好奇心」と「想像力」を持つことが大切です。それらは「行動」するための原動力になります。

かのアインシュタインもこのように述べています。

大切なのは、疑問を持ち続けることだ。好奇心それ自体に存在理由がある。

好奇心と想像力が重要なのは、いまの情報過多の世の中において、適切な情報を見つけ出すのに人間である必要はないからです。それは検索エンジンでいいし、適切な情報を組み合わせてより適切ななにかを生み出すのは、生成ＡＩで十分だからです。

ですが、**好奇心と想像力は人間の内なる衝動であり、それらは検索エンジンや生成**

AIでは担えません。そのため、僕はこれからの時代を生きる人間は、好奇心と想像力のエネルギーによって自分を駆動させていけば大丈夫とさえ思います。

ただ、人間は長年にわたり自分を抑えて生きていると、そうした内なる衝動をうまく出せず、枯渇しかけてしまうこともあります。

それこそ**「自分はなにをすればいいのかわからない」という人は、好奇心や想像力がかなりの程度弱まっている**とみなすことができます。

そんな人は、自分で自分の手当をしていきましょう。そのためにこそ、ちょっとした行動を通して、自分に〝ゆらぎ〟をつくっていくことが重要なのです。

先に述べたように、**ものは試しでやってみたり、誰かの作業を手伝ってみたりする。用もないのにいきなりお菓子を配り回り、寿司桶を洗うのを進んで手伝ってみる。**

そうした行動は、思わぬアイデアを得られる機会になり得ます。もちろん、多様な人との出会いの機会を増やすことにもつながります。

ちょっとしたことでも自分から動いてみることで、自分だけに与えられたチャンスが増えていく。

そう、それらは**人間にしかできない、好奇心と想像力の産物**なのです。

好奇心と想像力を生み出すエネルギーを、自ら補充していく練習からはじめていきましょう。一つひとつの行動は小さくても、大きなチャンスというのは、小さな出会いや出来事が積み重なって、あるとき偶然のように訪れるものです。

行動しなければチャンスにはは出会えません。

結果的に、チャンスに変えていくこともできません。

行動することで、自分の好奇心と想像力に、自ら火をつけていきましょう。

言葉にすれば チャンスが前倒しされる

ここまで、主に本書のテーマである「得意なこと」を軸にして述べてきましたが、ここで「やりたいこと」にもフォーカスしておきます。

前提として、「やりたいこと」がある程度はっきりしていたり、イメージできたりしている状態であれば、ひたすら「行動」することに尽きます。「やりたいこと」に関するどんなことでもいいので、とにかくはじめてみましょう。

徹底的にリサーチしたり、詳しい人に話を聞いたり、コミュニティに参加したりするなど、やれることはいろいろあるはずです。実際に行動に移すことで、得られる情報の質が高まり、いい機会も巡ってきます。

ここで気をつけたいのは、計画に時間をかけないことです。ビジョンやゴールをつくること自体はいいのですが、**「やりたいこと」に近づいていけない人の多くは、計画をつくること自体を目的化している場合がある**からです。

次に、「やりたいこと」がぼんやりしている場合があります。強く希望しているわけではないけれど、なんとなく気になっている。または、まだ明確に言語化できていないため、具体的な行動に踏み出せていないような場合です。

そんなときは、とりあえず言葉に出すことをおすすめします。

「○○が気になっているんだよね」
「○○をやってみるのもいいかもしれないね」

そんなふうに、機会があるごとに、誰かに自分の思いを言い続けてみましょう。

厳密な約束ではなく、あくまで興味や関心、希望ですから、臆さずどんどん言葉にしていけばいいのです。すると、**不思議なことに、誰かがそれらに近づくような機会を持ってきてくれる**ことが増えていきます。

「不思議なことに」と書きましたが、ほとんどの場合、人は言葉によって人を理解しコミュニケーションするわけですから、興味関心を公言する人に関連する情報が集まるのは当然ともいえます。

僕はかつて会社員だったとき、琉球《りゅうきゅう》大学で講演をする機会をいただいたことがあり、そのとき学生から、「なにか次のキャリアは考えているのですか？」と聞かれました。

でも、僕は基本的に人生の計画は立てないタイプなので、そのときは「なにがいいかな？　でも大学の先生もひとつの選択肢かもしれませんね」と答えました。「やりたいこと」といっても当時強い思いがあったわけではなく、「ネクストキャリアとして大学の先生もいいかな」くらいのぼんやりとした発言をしました。

すると、その翌年、琉球大学の客員教員のポストの声が掛かったのです。

もちろん、いろいろな人の判断や、ものごとのタイミングが関係していたのでしょう。たまたまといえば、たまたまです。

しかし重要なのは、**「言葉にした先にチャンスがある」**ということです。

ぼんやりした思いであっても、それを言葉にして誰かに伝えてはじめて、ものごとが動いていく引き金になるということです。

それこそ、みなさんは誰かに、「そうだったの？」「早くいってくれたらよかったのに」などといわれたことがありませんか？　この相手の反応が如実に表しているように、**実はチャンスというものはどこか身の回りに潜んでいて、あなたによって引き出されるのを待っている**という見方もできます。

「いってみるもんだな」という経験は、実によく起こります。そして、**自分の思いを早くいえばいうほど、チャンスも前倒しで訪れます。**

ですから、なにかに興味関心があるのなら、とにかくそれについて誰かに発言するという小さな行動をしましょう。「やりたいことがわからない……」と深刻に悩んでしまう前に、ちょっとした行動によってチャンスを自ら切り拓いていきましょう。

ちなみに、ネクストキャリアの選択肢として、当時、言葉にしたことが引き金となり、その後次のようにどんどんかたちを変えていきました。琉球大学の客員教員の仕事を通して「大学で教える」という貴重な経験を積むことができ、それがまた別のお声掛けにもつながっていきました。現在は、武蔵野大学アントレプレナーシップ学部の専任教員が、僕の大事な仕事のひとつになっています。

どんな小さなことでも、実際に行動すれば、ものごとを動かす引き金になります。まさに周囲の状況に〝ゆらぎ〟をつくることができ、その結果生じたチャンスに乗って行動を続けていけば、ますます新しい経験を積むことができます。

言葉にすることで、チャンスは本当に巡ってくるのです。

「やりたいこと」と「やってほしいこと」のギャップに注意

「やりたいこと」がまだぼんやりしていても、「なんとなくあれが気になるんだよね」「やってみるのもいいかもしれない」などと誰かに言い続けてみる。そして、そこから生まれた変化の波のなかでゆらぎ続けてみる。

そうするうちに、「やりたいこと」がどんどん具体的な像を結んでいきます。

ただ、注意点がひとつあります。それは、**自分が「やりたいこと」と周囲の人が「やってほしいこと」とのあいだに、ギャップがある可能性**です。

そこで、自分が「やりたいこと」を言い続けるだけでなく、他者が「やってほしいこと」もできることを、別のかたちできちんと示しておくほうがいいということです。

僕が2014年に、最初の書籍（『外資系エリートのシンプルな伝え方』）を出版する少し前のことです。実際に大学の教員になるにはなにが必要なのかを知人に聞いたことから話ははじまりました。そのとき、「自分のこれまでの活動や知見などをまとめたもの（書籍や論文など）があるといいよ」とアドバイスを受けたのです。

そこで、「本を出すにはどうすればいいんだろう？　出版社に企画を持ち込むのかな？」と妻に聞いてみました。妻はかつて株式会社リクルートに勤務していた関係で、同僚に編集者がいたからです。

しばらくして紹介された編集者にお会いしたとき、その人から、実は持ち込みの企画はそんなにありがたがられない事実を知りました。要は、持ち込み企画は常にたくさんあって、出版社サイドは「またか」としか思わないとのことでした。

そして、大事なのは、むしろ「この人に書いてほしい！」と編集者に気づいてもらうことだといわれました。例えば、文章が面白かったり、考えていることがユニークだったりすることに「気づいてもらう」ほうが手っ取り早いというわけです。

これはまさに、自分が「やりたいこと」と、周囲の人が「やってほしいこと」が乖《かい》離《り》している状況です。要するに、それらにギャップがあるからうまくいかないわけです。

そこで、その編集者に「多くの出版関係者に気づいてもらうために、まずウェブで情報発信するといいのでは？」とアドバイスされた僕は、早速連載記事を書くことになりました。当時、株式会社リクルートキャリアが運営していたＩＴエンジニア向けサービスの『ＣｏｄｅＩＱ』というメディアにちょうど連載のコマが空いていて、プレゼンをテーマにした連載をはじめることができたのです。

すると、なんと**記事を書きはじめて3カ月後に、ある出版社から本当に書籍の依頼が来た**のです。「いつか本を出せればいいな」くらいに思っていたので、さすがに3カ月で話が来たのには驚きました。

まとめると、実に面白いもので、**かつて大学で講演したときに学生の質問に答えたひとことが、書籍の出版にまでつながっていった**わけです。ただこのときも、僕がやった行動は、「やりたいこと」を誰かに話したくらいといえます。

それでも、チャンスはひとりでにやって来たのです。

なにかを叶えるためには、なにはともあれ「行動する」ことが大切なのだと、ますます確信した瞬間でした。

生成AI時代のキャリア戦略

ここまでの僕の方法を、よくいわれる「逆算思考」や「バックキャスティング」とはまったく違うと思われた方もいるかもしれません。これは、僕自身があまり予測や計画を好まず、基本的に「現在の行動」にフォーカスすることを重視しているためです。

当然、性格も思考パターンも人それぞれですから、逆算思考やバックキャスティングができる人は、それをもとに進んでいくやり方でもいいと思います。

ただ、逆算思考やバックキャスティングについて、ひとつの懸念点だけ示しておきます。それは、いまの時代は「ＶＵＣＡ（※）」といわれるように、**未来から逆算してキャリアやライフプランを描こうとしても、5年後や10年後の未来の状況がかなり想定しづらくなっている**ということです。

いま想定している姿とは、まったく違うものになる可能性も極めて高いといえます。5年ほど前なら、ここまでの強い言い方はしなかったかもしれません。でも、いま現在の環境の変化を考えると、そういわざるを得ないのです。

その理由は、やはり生成ＡＩが登場したからです。

生成ＡＩというと、なんとなくChatGPTやGemini、Copilotなどのチャット形式のインターフェースを思い浮かべ、「世の中はますます便利になる」というくらいの認識の人も多いのではないでしょうか。

ですが、生成ＡＩは、まさにインターネットの登場と同様に、全世界的にインパクトを与える類のイノベーションです。社会や経済、文化をはじめ、その根本的な構造がまったく変わるような変化なのです。

では、どのような変化なのか？　いろいろな説明が可能ですが、ここでは「得意なこと」と関連が深い「キャリア」の観点で僕なりに定義します。

それは、**人が行うことに価値があったものに対して、「価値がある」と感じる人が減る**という変化です。

例えば、Adobe Fireflyをはじめとする画像生成サービスで、「サンフランシスコの若者たちが楽しそうにパーティーをしている風景を少し上から見下ろす角度で撮った写真」と入力すれば、条件に合った使用可能な写真がずらりと表示されます。

これは圧倒的に時間とコストカットになりますから、場合によっては、フォトグラファー、イラストレーターなどに発注しなくてもいいということになるでしょう。

つまり、**「これで十分だよね」と思う人が増えると、これまで人が行うことに価値があったものに対して、同じ価値を感じる人がどんどん減っていく**わけです。

すると、フォトグラファーになるために5年前に逆算思考をしていたとしても、そのプロセスがまったく変わることになります。今後、生成AIはリアルタイムで進化していきますから、そもそも逆算思考の難易度がかなり上がってしまうのです。

クリエイティブ職を例にしましたが、実際は**社会のあらゆる分野に生成AIが導入されていきます**。より日常的な例を挙げると、インターネットで旅行を予約した際の予約確認メールをコピーするだけで（ほぼプロンプトを入れることなく）、かなり詳細な旅行プランを立ててもらうこともできるようになりました。そうなると、近いうちに、旅行代理店やプランナーの仕事も根本的に変化せざるを得なくなるはずです。

そうした動きが世の中全体に広がっていくことを前提にして、逆算思考やバックキャスティングをするとなると、大変難しい作業になる可能性があるのではないでしょうか。

※**VUCA**（ブーカ）Volatility（変動性）、Uncertainty（不確実性）、Complexity（複雑性）、Ambiguity（曖昧性）の頭文字を取って呼ばれる造語。先行きが不透明で状況が目まぐるしく変動するため、将来の予測が困難な状態を指す。

自分の仕事を「リ・デザイン」する

生成ＡＩのインパクトについて述べましたが、ＡＩをはじめとするテクノロジーの発達により、近い将来、多くのキャリアの選択肢が狭まっていくのかというと、そんな単純な話ではありません。「自分の仕事がなくなるかもしれない！」と戦々恐々とする人もいるかもしれませんが、端的にいうと、僕は**いま存在している仕事の「リ・デザイン」がはじまる**ということだと見ています。

確かに、あらゆる仕事のデザインがアップデートされていけば、なかにはそのままのかたちでは必要がなくなる仕事はたくさんあるでしょう。でも、それは携わっていた人すべてが失業者になるということではありません。

歴史を振り返ると、1900年から1910年にかけて、自動車というイノベーションにより、ニューヨークなどアメリカの大都市では馬車がほとんどなくなりました。でも、馬車を扱っていた人たちがすべて失業者になったのかというと、そんなことはありません。

ここで、拙著『メタ思考「頭のいい人」の思考法を身につける』（大和書房刊、以下『メタ思考』）で紹介した、「メタ思考」という思考法を使って、馬車に関わる仕事について抽象度を高めて考えてみます。

まず、馬車に関わる仕事の本質は、「道路を運行すること」にあると捉えることができます。道路を運行できるということは、たくさんの道を知っていて、迷うことなく目的地に到着できる能力があるということです。

また、時間や場所、天候などによって変わる運行状況も把握できているという、豊富な経験値がある状態です。

そうであるなら、馬車を扱える人は、自動車の時代にドライバーとして働けるとみなすことができます。**かつての仕事はなくなっても、ツールが変わっただけで、新しい仕事への転身は十分可能**だというわけです。

ただし、イノベーションによる社会の変化は不可逆的なものであり、再び馬車の時代に戻ることはできません。だからこそ、生成ＡＩが急速に広がる現在についても、不可逆的な変化であることを踏まえたうえで、自分の仕事や「得意なこと」をリ・デザインしていく必要があります。

ぜひみなさんのいまの仕事に、生成ＡＩのインパクトが逃れようもなく及ぶことを前提にして、「メタ思考」を働かせてみてください。自分の仕事や「得意なこと」を、みなさんはどのようにリ・デザインできるでしょうか？

「エイリアス」という縛られない生き方

自分の仕事や「得意なこと」をリ・デザインしていくとき、いまの僕の働き方・生き方のスタイルである**「エイリアス」**という概念がかなり活用できるのではないかと考えています。

このエイリアスについても拙著『メタ思考』で詳しく紹介していますが、ここではそのエッセンスを簡単にまとめておきます。

まず、エイリアスとは、別名、通称、偽名などと訳される言葉で、macOSでは「リンク機能」を指しています。

この語義を踏まえたうえで、僕が考えるエイリアスとは、**様々な場所に存在するそれぞれの自分を、自分の名前をまとう分身として捉える**という概念です。

例えば、会社にいる自分、仕事をする自分、家庭での自分、特定のコミュニティに属する自分……というように、自分という人間（本体）はひとりでも、自分をたくさんの分身として捉えてみるということです。

この考え方のポイントは、**それぞれの分身は紛れもない自分の一部ですが、「たったひとりの自分」という人格や個性、アイデンティティと同一化させる必要はまった**

くないということにあります。

そうではなく、**自分の分身をずらりと揃《そろ》えて、好きなときに、好きな場所で、好きなように（他のエイリアスに遠慮することなく）動いてもらう**イメージです。

そのように考えると、「会社にはわたしの機能の一部を提供しているだけ」「このコミュニティでは別のエイリアスに動いてもらう」というように、**自分の人生をより自由かつ柔軟にデザインしていく**ことができます。

なんだか、ちょっと楽しそうに思えませんか？

複数のエイリアスを持つのは、まったく別人格になることでも、違う自分を〝演じる〟ことでもありません。自分というひとりの人格に紐《ひも》づいてはいるものの、**アイデンティティとは切り離した「機能だけの自分」**として動くことができるということです。

リンク機能はいつでも新しくつなげられるし、簡単に外すこともできます。ただのリンクですから、削除しても本体にはなんの影響も出ないし、逆にいくつでも増やすことができます。

自分とリンクしているけれど、自分と一体化はしていない状態――。

エイリアスから辿《たど》っていけば自分には辿り着くので、いわば「道しるべ」のようなイメージです。

なぜこの考え方が有効なのかといえば、僕が見るところ、**実に多くの人が、ひとつの場所に自分のすべてを預けてしまう傾向がある**からです。

それによって、極めて限られた場所であるにもかかわらず、そこでの人間関係や、他者からのネガティブな評価にとらわれてしまっている。また、自分の可能性を自分で狭めがちにもなっているからです。

とりわけ日本のビジネスパーソンは、会社という場所にいる自分に、簡単にアイデンティティを一体化しがちです。でも、僕はそんなものは、「会社にいる自分」というエイリアスで**十分**だと思うのです。

会社にいる自分や、仕事をする自分だけを、自分の全人格として考える必要はまったくありません。

会社にいる自分は、自分のなかにある機能の一部を表現するエイリアスに過ぎないと考えてみましょう。それだけでなんだか気持ちが楽になって、自分の人生に対して自由な発想が広がっていく気がしませんか？

自分自身も「リ・デザイン」しよう

当然ながら、**ある場所でネガティブな評価を受けたとしても、別に自分自身の価値は損なわれていません。**

それこそ、会社での評価や出世競争なんて、ただのゲームに過ぎないと捉えるのもいいでしょうし、すべて「自分のエイリアスが動いているだけ」とみなせば、思考がどんどん柔軟になっていくはずです。

第1章で、海のなかでゆらぐクラゲやワカメのメタファーを紹介しました。それこそ、水面あたりで波風に揉《も》まれたり、仮に乗っていた船が転覆したりしても、そこにいる自分もエイリアスとみなせばいいわけです。

もちろん、エイリアスは自分という人間（本体）と紐づいていますから、多少の影響があるのは仕方ありません。場所によってまるで別人格のように振る舞うのは、単なる無責任な態度になってしまいます。

ですが、**他者の評価や急激な環境変化に多少は傷つくかもしれないけれど、自分自身が全否定されるわけではない**という事実を見つめることが重要です。

たくさん存在する分身のひとつが傷ついただけであり、そんなときは、落ち着いて他のエイリアスに活動してもらえばいいというわけです。

誰に命令されることなく、自分の「意思」だけで、いつでもエイリアスを接続・解除できると考えてみましょう。

すると、**いろいろな場所で自分の機能を自由に提供し、役目を果たし、貢献することができる**ようになります。もはやひとつの場所や、特定の人間関係などに縛られる必要はありません。

エイリアスとして振る舞えば、自分をいたずらに傷つけずに、どんどん自由に生きていくことができます。

そして、このように**自分の人格さえも自由に定義していくこと**は、自分の仕事や

「得意なこと」のみならず、自分の人生や自分自身をもリ・デザインしていくことにつながっていくのです。

なんでも「得意なこと」にしてしまえばいい！

エイリアスのイメージをよりしっかりと掴んでいただくために、僕自身のエイリアスを例として紹介します。

僕はこの本を制作している2025年2月現在、日立製作所や鹿島建設など、11の企業や社団法人と業務委託契約を結び、武蔵野大学の専任教員として講義を担当しています。そのため、それぞれの場所では「なかの人」というエイリアスで振る舞い、講義やコンサルティングを行っています。このとき、基本的にはビジネスモードのエイリアスですが、場所によって雰囲気や文化的背景が異なるため、微妙にエイリアスを使い分けています。

他にも、講演やプレゼンテーション、対談やMC、執筆などの仕事があり、いわば毎日がエイリアスだらけで成り立っているような状態です。このとき、仕事内容によって、「テクノロジーに詳しい人」「マネジメントに詳しい人」「ビジネス会話（話し方）に詳しい人」「多拠点生活をしている人」というように、**エイリアスがたくさんあるため、与える印象はそれぞれまったく違う**ケースもあり得ます。「澤円」という本体はひとつであり、どのエイリアスも本体に紐づいている以上、別人格の人間や個性ではありませんが、エイリアスによってはかなり雰囲気が異なる場合もあります。

ちなみに、僕はひとりで過ごす時間を好む〝ぼっち好き〟なので、プライベートでは〝ぼっち〟エイリアスもフル稼働しています。

どんなエイリアスを組み合わせてもいいのも、面白い点です。時と場所によって掛け合わせはまったく自由。例えば、「テクノロジー×多拠点生活」と「ぼっち×多拠点生活」では、話す内容や貢献できること、雰囲気もがらりと変わります。

こうしたスタイルに慣れてくると、**複数のエイリアスを、その都度適切な複数の場所に置きながら、ほぼ同時並行で軽やかに行動できる**ようになっていきます。リモート環境の普及によって、それがますます実行しやすくなりました。

まるで、自分を使ったゲームをしている感覚なのです。

また、自分の「得意なこと」のリ・デザインに、エイリアスの概念を重ね合わせると、「得意なこと」なんていくつあってもいいと考えることができます。誰もがひれ伏すような、**たったひとつの「得意なこと」を目指すのではなく、なんでも「得意なこと」にしてしまえばいい**のです。

一つひとつは標準的なレベルでも、それらを掛け合わせれば、ユニークな「得意なこと」になり得ます。**〝ぼっち〟であることだって「得意なこと」**なのです。

機能としての自分――。

特定の場所や人間関係、アイデンティティから解放された自分――。

そんな軽やかさで、自分をどんどんリ・デザインしていけばいいのです。

多様な個人が活躍する「仮名経済」というモデル

エイリアスの概念は、世界がコロナ禍にあるときに直観したものであり、2023年に上梓《じょうし》した『メタ思考』のなかではじめて言語化したコンセプトです。

そして、このエイリアスが、実際に社会や経済に大きな影響を与える方向へ時代が進みつつある兆しも見えています。

というのも、シリコンバレー発のAI企業パロアルトインサイトのCEOである石《いし》角友愛《ずみともえ》さんと対談した際に、アメリカでは、「Web3（※）」によって、今後は**「仮名経済（スードニマスエコノミー）」**へ進むといわれているとお聞きしたからです。

この「仮名経済」というのは、個人情報を守りながら、インターネットやデジタル空間で安全に活動するための新しい経済モデルを指す言葉です。**「仮名経済」においては、ユーザーは本名や個人情報を明かすことなく、かつ信頼性を保ちながら、自由に経済活動や社会活動を行うことができる**ようになります。

仮名というのは、まさにエイリアスと捉えることもできますから、このモデルに沿っていうと、**これからの時代はエイリアスが経済を回していく**と考えることができるというわけです。

「仮名経済」には、Web3の観点から、プライバシー保護や信頼性の確保などいくつかのポイントがあります。ただ、ここで僕が注目したいのは、**「仮名経済」モデルによってより多様な経済活動が可能になる**点です。

例えば、個人の属性（ジェンダーや社会的地位など）にとらわれることがなくなれば、純粋に知識やスキルをもとにした経済活動がしやすくなり、個人がより実力を発揮できる機会が増えていくでしょう。

また、デジタル空間においてユーザーが様々に異なる仮名やアイデンティティを活用することで、より多様な場（プラットフォーム）で活躍できるようになります。これによって、**より多様な価値観を受け入れる社会へと変化していく**可能性が高まります。

エイリアスが、デジタル社会において自由かつ安全に活動できる未来が、近いうちにやって来るのです。

※Web3（ウェブスリー）　ブロックチェーン技術などを基盤として構築される分散型インターネットの概念。第三者を介在させず、ユーザーが自分自身のデータを所有、管理し、共有できるようになり、参加者相互による合意形成を実現する。

「なに」をするかよりも「誰」がするのか

ひとつの凄く「得意なこと」をつくるのではなく、なんでも「得意なこと」にしてしまえばいい。「得意なこと」はいくつあってもいいと先にお伝えしました。

もし、ひとつの「得意なこと」が生成ＡＩによって代替されたとしても、エイリアスをたくさんつくって行動していれば、他の「得意なこと」を掛け合わせて自分をより軽やかにリ・デザインすることができます。

また、生成ＡＩ時代には、**「なに」をするかよりも、「誰」がするのかが重視される**

時代になると僕は見ています。

エイリアスは自分の分身であり、元を辿ると「個」に紐づいていることは重要なポイントです。それこそ本書は、澤円という「個」に紐づいたエイリアスによってつくられ、みなさんの手元に届いています。でも、このとき著者の情報が「55歳男性」というものだけだったらどうでしょうか？　おそらくなんの説得力もありません。

あるいは「ＡＩが作成」と書いてあれば、果たしてみなさんはそれを読みたいと思うでしょうか？

そう、**本は「誰が書いているか」がもっとも大事**なのです。

同様に、誰が描いたのか、誰が撮影したのか、誰が演奏したのか、誰が発言したのかという部分が、これまで以上に意味を持つ時代が確実にやって来ます。

「得意なこと」はいくつあってもいいし、それらはすべてエイリアスが担っていいのですが、すべてのエイリアスは、本体である自分という「個」に紐づいています。

だからこそ、「なに」をするかよりも「誰」がするのかがより重要なのです。

キャリアの観点でいえば、「得意なこと」が仕事として成り立つには、「誰」がそれを行うのかが重要になり、それによって判断や評価が下されるということです。

もちろん、誰しも突然に「個」としてのエッジが際立つわけではありません。「個」というものはすべて、これまでの行動の積み重ねによって表現されるからです。

でも、安心してください。いまから自分のエイリアスをたくさんつくり、自由にエイリアスに動いてもらえばいいのです。これが行動の積み重ねになります。つまり、**強烈な個性や能力なんてなくても、複数のエイリアスをうまく組み合わせることで、オリジナリティは十分に創造することができる**のです。

大切なのは、好奇心と想像力を駆使して、自分をリ・デザインしていく「意思」を持つことです。

だからこそ、「まず行動しよう」という僕からの提案に話は戻っていきます。

つまり、人生がどう転ぶのかなんて誰にもわからないのだから、「とりあえずやってみよう！」ということです。

第3章では、エイリアスの本体であるわたしという「個」についても、観察し、理解を深めていきます。

第3章

「わたし」を再発見する

どんな〝持ち札〟だって武器になる

前章では、「得意なこと」をたくさん見つける重要性、またそれらの組み合わせを考えることでオリジナリティを創造でき、自分をリ・デザインしていけるとお伝えしました。

しかし、「わたしにはそんなにたくさんの得意なことなんてないよ」と思う人もいるかもしれません。

ただ、僕は**どんな人も、自分の〝持ち札〟はすでにたくさん持っている**と考えています。新しく「得意なこと」を探す姿勢は大切ですが、それよりもまず「自分はすでに戦う武器をいくつも持っている」と考えてみてください。

ポイントは、やはり「得意なこと」という自分の〝**持ち札**〟を**バラバラにしないことです。〝持ち札〟の組み合わせ次第でいろいろなことができるし、自分の「得意なこと」はすべて活かし切るマインドを持つことが大切**です。

わかりやすく、トランプのゲームにたとえましょう。

トランプゲームのほとんどは、1枚のカードの力だけで勝つわけではありません。ポーカーなら、もっとも弱い2というカードも、同じマークを揃えれば5番目に強いフラッシュになり、4枚揃えれば3番目に強いフォーカードになります。

つまり、〝持ち札〟が平凡なカードに思えても、組み合わせによる総合力で大きな武器になる可能性があるということです。


では、どのように「得意なこと」を組み合わせればいいのでしょう?

これについては、もう試行錯誤するしかありません。自分の手持ちのものを観察し、「あれが使えるかな?」「これも持ち札になるかな?」と考えながら、実際に試しているうちに、自然といろいろな組み合わせができるようになっていくということです。

このときには、「すぐ行動すること」(151ページ参照)が効いてきます。**小さな行動を積み重ね、いろいろなフィードバックを得て、それを受けてまた改良することを繰り返すなかで、最適な組み合わせがつくられていく**イメージです。

組み合わせの例として、僕の〝持ち札〟の使い方を少し紹介します。

マネジメントについて話すとき、僕はスポーツカーにたとえることがよくあります。

まず、スポーツカーの目的（社会貢献の方法）は、顧客がスポーティに楽しく走れるという点にあり、これにフォーカスするのが経営者の視点です。

ただ、スポーツカーは、そもそも自動車として安全に機能する必要があります。運転動作がスムーズに行われることが求められ、かつスポーツカーの特性を実現するには、より細かい動作を担うメカニズムも必要です。これを実現するのがプレイヤー（一般社員）です。

それから、マネージャーは、「スポーティに楽しく走れる」という目的を見据えながらも、スポーツカーの細かい特性を活かし、同時に安全性も実現するために調整しなくてはなりません。

つまり、マネージャー層は、経営層とプレイヤー層をつなぐ仕事であり、これを僕は「経営の三層構造」と呼んでいます。

そして、このたとえ話をしたところで、時々「僕は実は日本カー・オブ・ザ・イヤーの選考委員なのですが……」と、エピソードを披露することがあります。

よく考えると、マネジメントを説明するためのたとえ話と、日本カー・オブ・ザ・イヤーの選考委員の話はまったく関係がありません。でも、選考委員が車に関連した話をすると、あきらかに説得力が増すようなのです。

つまり、**マネジメントという「得意なこと」に、車に詳しいという「得意なこと」を掛け合わせることで、話の説得力を〝ハック〟できる**わけです。

まさにポーカーのように、**自分の〝持ち札〟の組み合わせによって、少しでもいい手を目指す**ということです。

このように、**組み合わせを考えるときは、楽しんで行うことも**案外、大切なことです。自己分析がうまくいかないのも、やはり頭だけでなんとか「得意なこと」をつなげようとして、でもなかなかうまくつながらず、どんどんしんどくなるからです。

そうではなく、「このエイリアスが使えるかな」「あの体験を持ったエイリアスをプラスすると面白いかな」というように、自由な組み合わせのパターンを楽しみながら、実際にアウトプットするなかで見つけていくことが実践的なコツです。

なんといっても、**現実世界はポーカーとは異なり、あらかじめ「役」の強さなんて**

決まっていませんから、自分だけのいい役をどんどんつくっていけばいいのです。

自分の「あたりまえ」と世の中とのギャップを見つける

自分の「得意なこと」を見つけるには、他にも多様なアプローチが考えられるでしょう。ひとつの手掛かりとして、**自分ではあたりまえだと思っていたのに、まわりを見ると実はまったく違っていたという経験が参考になる**ことがあります。

僕は以前に『「疑う」からはじめる。これからの時代を生き抜く思考・行動の源泉』（アスコム）という本を書きましたが、**自分のなかの「あたりまえ」という名の常識を疑うことで、自分を再発見するヒントがたくさん見つかる**と考えています。

「あたりまえを疑う」のは、ちょっとした違和感に注意することでも構いません。

例えば、若い頃の僕は、パソコンなどのデジタルデバイスはすべて自腹で買うべきだと思っていました。特に、僕が20代ではじめて自腹でパソコンを買ったとき、会社支給のパソコン以外持っていない人が多く、「パソコンは会社で使うもの」というのが常識だったのです。そんな時代に、僕は思い切ってハイエンドモデルの約50万円のパソコンを購入しました。

そのため、高額ローンの支払いに難儀しましたが、その思い切った投資は最高の結果をもたらしました。なぜなら、そのおかげで、最新のインターネット・テクノロジーに自宅で存分に触れることができ、圧倒的な先行者特権を得られたからです。

これが先に述べた、IT初心者に最新のテクノロジーをわかりやすく説明するという、生業のひとつにつながっていきました。

つまり、**知識や経験が少ない状態でも、自分だけのオリジナリティが高い「一次体験」を得ることができれば、大きな成功体験になり得る**ということです。

いまでも、お金がない20代の苦しい時期に自腹でパソコンを買ったことは、僕のキャリアにおける最大の投資だったと断言できます。それもすべては、「あたりまえ」を疑ったことからはじまったのです。

その後、日本マイクロソフト社で働きはじめたとき、まわりはみんな僕と同じくコンピュータ好きなのだろうと思い込んでいました。でも、のちに私物でパソコンを持っていない人のほうが実は多いと知って、心底驚いたことがあります。ＩＴ企業ですらこの状態でしたから、世の中の一般企業ではさらにその割合は多かったのでしょう。

このとき僕は大きな気づきを得ました。**「最新のテクノロジーに投資する人は多くない」という洞察を得ることができた**のです。

ならば、もっと最新のテクノロジーに投資し、それに知悉《ちしつ》することが、ますます自分の「得意なこと」になるはずです。また、それは僕の好きなことでもありましたから、自分のキャリアの軸を形成していくきっかけにもなりました。

このように、**自分では「あたりまえ」と思っていることを疑い、世の中とのギャップを見つけることができれば、面白い洞察が得られる**かもしれません。**自分の常識や価値観、また習慣や思考の癖などを見つめていくと、自分の再発見につながる可能性が高くなる**のです。

ちなみに、キャリアアップなどを成功させたいのなら、少なくともなんらかのかたちで自己投資をしたほうがいいでしょう。なぜなら、**他の大多数がお金をかけない部**

分に自ら資金を投じられる人は、その領域の情報や経験において圧倒的な差を得られるからです。

もちろん、闇雲にお金を投入すればいいわけではないので、決してお金持ちが有利ではありません。

そうではなく、やはり自分のなかの「あたりまえ」をメタ思考的に疑い、**世の中とのギャップを的確に見抜こうとする「意思」を持つこと**が大事なのだと思います。

「観察」→「行動」サイクルを高速で回そう

自分で「あたりまえ」と思っていることをあえて疑い、世の中や周囲とのギャップを見つけることを、「得意なこと」を探すためのポイントとして挙げました。

ここでみなさんにお伝えしたいのは、**自分を「観察」することの大切さ**です。

先のメタ思考は、いわばものごとを客観的に「観察」することですが、その対象を自分に向けると、多くの発見や気づきを得ることができます。

僕はビジネスにおいても、「観察」というプロセスをとても重視しています。

ビジネスにおける意思決定と行動に関する理論に、**「OODA（ウーダ）」**というものがあります。「Observe（観察）」「Orient（状況判断）」「Decide（意思決定）」「Act（行動）」の頭文字を取ったフレームワークで、僕はこの「OODA」のアプローチが、変化が速いいまの時代によりマッチすると見ています。

また、ここまで繰り返し書いてきたように、とにかく「行動」することで〝ゆらぎ〟をつくるという、本書で提唱している戦略とも親和性が高いアプローチです。

ビジネスにおける意思決定と行動に関する理論としては、一般的に「PDCA」がよく知られています。「Plan（計画）」「Do（実行）」「Check（評価）」「Action（改善）」の頭文字を取ったフレームワークのことです。

ただ、PDCAに従うと、「行動」の前に「計画」を立てることになります。すると、多くの場合、人はつい質の高い準備をしようと考えてしまい、時間だけがどんどん過ぎ去りがちになるのです。

たとえ締め切りを設けて計画しても、その締め切りまでの期間いっぱいまでタスクが広がってしまう力学が働き、不思議と次から次へと準備することが増えていきます。

これを、**「パーキンソンの法則」**といいます。

そうして、行動に至るまでの時間ロスが生じて、効率や生産性が落ちてしまうわけです。

もちろん、いくら行動だといっても、闇雲に手を出していては結果に結びつきません。だからこそ、**まず「観察」から入り、状況判断を経て、決断、行動するという「OODA」を高速で回すことが有効**なのです。

「OODA」は、いかに適切かつ、素早い行動に移しやすくするかにフォーカスした考え方といえます。

じっくりと計画を立てて行動すると、失敗したときに、その分ダメージが大きくなります。そんなことを避けるために、まず「観察」によって客観的な情報を集め、そのあとは素早く判断・決定・行動したほうがいいというわけです。

そして、この「OODA」を、自分自身を対象にして回していくと、「得意なこと」の〝種〟を素早く見つけて、「行動」で試していくことにつながります。

「自分の得意なことはなんだろう?」と〝計画〟ばかりしても、なかなか先には進めません。

そうではなく、**小さな失敗はあるかもしれないけれど、とにかく「得意なこと」の〝種〟を実際に行動で試し、その結果を判断し、また行動するサイクルを高速で回していくほうが、より素早く前進できる**でしょう。

密着取材されているかのように振る舞う

「観察」からはじめるというアプローチを提案しましたが、自分を客観的に「観察」する力を養える、効果的な方法をひとつ紹介します。

これは以前に、放送作家であり戦略的PRコンサルタントとして活躍する野呂エイシロウさんに教えていただいたテクニックで、**「テレビの取材クルーが常に自分を撮**

影している」と想像しながら振る舞うという方法です。

自分のドキュメンタリー番組がリアルタイムでつくられていて、自分を密着取材している人が常に近くにいると想像して振る舞うわけです。

野呂さんは、テレビの出演者を想定してこのトレーニングをアドバイスされていたのですが、僕はこれを知ったとき、同じことが多くの人に、特にビジネスパーソンに使えるのではないかと思いました。

短時間、短期間でいいので、**実際に密着取材をされているつもりで過ごすだけで、自分自身についてかなりの気づき（観察結果）を得ることができます。**

普段の姿勢や言葉遣いの癖などの振る舞い方に目が向きますし、すぐ行動しているか、無駄な時間の過ごし方をしていないかと常に自分をチェックするため、よりよい言動をしようとする力が働き、ポジティブな結果に導かれやすくなります。

もしかしたら、「自分のダメなところばかり気づかされる……」とかえって落ち込む人もいるかもしれませんが、本書の「得意なこと」を見つけるという観点では、自分を「観察」する力を養うのにとても有効な手段です。

ちなみに僕は、実際にテレビ出演や動画配信をする機会があるので、定期的に自分の振る舞いを意識せざるを得ない状況があります。また、若い頃は、自分がプレゼンしている姿を録画し、客観的にチェックすることも行っていました。

ですが、別に特別な仕事ではなくても、いま多くのビジネスパーソンには自分を客観視できる機会が用意されています。それは、リモート会議です。

コロナ禍でリモート会議をはじめた頃、カメラで自分の姿が映し出されたときに、案外、多くの人が自分の姿に違和感を抱いたのではないかと僕は想像しています。相手に話しかけたり、相手の話に耳を傾けたりする際の、不自然な身振り手振りをまざまざと見せつけられたはずです。

それは、いつもの鏡の前の、見慣れた自分の姿ではなかったのではないでしょうか？

無意識のうちに、いかめしい表情や目つきになっていたり、姿勢がゆがんでいたり、話しているときに目が泳いだり、落ち着きなくうなずいたりと、自分の姿にいたたまれなくなった人も多いのではないかと推測しています。

自分がいつもどんな言動をしているか、他人からどのように見えているのかを再認識する機会になったと思うのです。

普段のリモート会議も、自分を客観視するための格好のチャンスです。意識の方向性が少し変わるだけで、自分についての気づきや発見がどんどん増えていきます。

常に第三者の目にさらされている自分を意識することができれば、「観察」する力が高まり、自分の「得意なこと」に気づく機会も増えていくはずです。

小さな「点」の積み重ねによって人は進んでいける

先に、自分探しとは「自分が未来にどうなりたいのか」を描くことだとお伝えしました（52ページ）。その理由は、自分を探すために過去を振り返ると、たいていの場合、嫌な記憶や出来事ばかり思い出して、自分探しがしんどいものになることがとても多いからです。

しかしこれは、「過去は終わったことだから参考にならない」ということを意味しているわけではありません。「得意なこと」を見つけるには、これまで歩んできた半生やキャリアを振り返ることも十分参考になります。

ただし、それにはちょっとしたコツがあります。ここで、**自分の過去をうまく「観察」する**方法もお伝えしましょう。

これには、かつてスティーブ・ジョブズが、2005年のスタンフォード大学卒業式で語った「Connecting The Dots（点と点をつなぐ）」という考え方が参考になります。彼は、自身の生い立ちから学生時代、アップルの創業や追放などの半生を語るなかで、**それぞれの出来事（The Dots）がつながって現在の自分がいる**という主旨のスピーチをしました。

これを参考にすると、過去の出来事を単純に振り返って一喜一憂するのではなく、それらの出来事をつなげたり、共通点を見つけたりする、丁寧に「観察」するような振り返り方もできるのではないでしょうか。

「わたしにはジョブズのような波乱万丈の過去なんてないから」と思う人がいるかも

しれません。でも、振り返るのは、なにも大きなライフイベントである必要はないのです。むしろ、**なにかポジティブな感情やフィードバックが得られた小さな出来事を思い出すだけでいい**でしょう。

先に、僕はかつての会社の懇親会で、なぜかみんなの寿司桶を洗う羽目になった女性を手伝って感謝されたエピソードを書きました。これなどはかなり小さな出来事ですが、ポジティブなフィードバックを得られた記憶として、ずっと頭の片隅に残っていたものです。

でも、この**出来事をひとつの「点」として扱い、後に経験した他の「点」とつなげたり、それらとの共通項を探したりする（＝抽象化する・第5章201ページも参照）**ことで、自分は「気づくことが得意」という認識を得られたわけです。あるいは、ちょっと困っている人を助けることで「ギブファーストを実行できる」という「得意なこと」も認識できそうです。

このように、ポジティブな気持ちで思い出せるちょっとした出来事は、すべて自分を振り返って「得意なこと」を見つけるための「点」になります。

多くの人は、自分の過去を振り返ろうとするとき、履歴書や職務経歴書に書けそうな、立派で目立つ出来事を探しがちです。「自分はこの出来事によって変わった」「この人と出会って人生が動いた」という、いわゆる〝引きがある〟エピソードを見つけようとします。

僕もよく、「人生が変わった大きなきっかけはありましたか？」と質問されることがあります。確かに人生を変えた大きな出来事はいくつかありますが、そうしたきっかけを特別に意識することはありません。

むしろ、ここまでの人生は「じわじわと変わってきた」というのが、正直な実感です。常に、**小さな行動と体験の積み重ねによって人生は動いている**のです。

だから、「得意なこと」を見つけるための「点」は、ちょっとした日々の出来事や、ふとしたときに思い出すエピソードで十分です。

逆にいうと、そんな積み重ねのなかにあるエピソードはすべて「点」になり得るので、「アピールできる出来事が見つからない」「自分にはなにもないのではないか？」などと落ち込む必要なんてまったくありません。

強烈な原体験なんてなくても、人はちょっとした出来事の積み重ねによってポジティブに変化し、成長し、前進できるからです。

特に、学生や若いビジネスパーソンは、経験の総量がまだ少なく、目立つ体験や経歴を持つ人たちを凄く羨ましがったり、自分と比較して落ち込んだりしがちです。

でもそれらは、自分の「得意なこと」を見つけることとなんの相関関係もないでしょう。

ぜひ時間があるときに、自分の小さなハッピー体験や、ポジティブな気持ちになった出来事を、ぼんやり思い出してみてください。体験や出来事をパッと思い出せないタイプの人は、意識的に思い出す時間をつくり、記録しておくといいでしょう。

大事なのは、能力やスキルではなく「意思」

自分の過去の小さな出来事をひとつの「点」として扱い、つなげたり、共通項を探したりする。そのことを、難しいと思う人もいるかもしれません。

でも大丈夫です。それぞれの「点」をつなげようと思えば、自然とつながっていくはずです。より正確にいうと、**具体的な「つなげ方」というものは、つなげようと思うからわかるようになる**ということです。

わかりやすい例を挙げます。僕は料理をつくることが好きなのですが、冷蔵庫のなかの食材を使って手際よく料理するとします。このとき、思い立って冷蔵庫を開け、なぜ短時間でメニューや段取りが浮かぶのかというと、実は**「手早くつくる」という強い「意思」**があるからなのです。

先にも少し触れましたが、意思がない状態で、「これとあれを組み合わせたらどうなるだろう?」と考えていても、僕の経験上いい発想は出てこないし、時間も余計にかかります。

でも、「おなかが減った!」「急いでみんなになにかをつくらねば」「冷蔵庫のなかには〇〇しかないな……」といった状況で、強い意思で「手早くつくるぞ!」と決意するからこそ、素材や調味料、調理法の選択肢がスピーディーに頭に浮かび、最終的に料理のメニューとプロセスを決断できるのです。

要するに、素材や調味料はあらかじめ冷蔵庫のなかに存在しているものの、「手早くつくる」という強い意思がなければ、それらを組み合わせて、素早く料理をつくるという行動に至らないということです。

お伝えしたいのは、**特定の行動ができないのは、生まれ持った能力や身につけたスキルが理由ではなく、その多くが「意思」の問題**だということです。

僕は、よく講演やプレゼンの質疑応答の際に、「〇〇するための方法を知っていますか？」と質問されます。多くの人は、効率的なやり方や具体的な方法を知ろうとします。なぜなら、それを知れば、〝手っ取り早く〟ものごとを進めたり、解決したりできるからです。

しかしこのとき、僕はいつも「方法論を知ったとしても、それを行う意思がなければ意味はないですよ」とお答えしています。

確かに、成功率の高い方法に則って行動すれば、失敗を避けることはできるかもしれません。でも、**「なぜそれをやるのか？」を本人が納得していなければ、その行動はおそらく個性が欠けた平凡なものとなり、あまり意味をなさない**と思うのです。

では、方法や手段ではなく「目的」を持てばいいのでしょうか?

いや、目的があっても、そこに意思がなければ、その目的はただ単独でそこにあるだけです。これが、いくら目的や目標を立てても、ものごとをなかなか成し遂げられない主な理由です。あるいは、PDCAがうまく回らない理由も、しっかりした「Plan(計画)」さえ立てればうまくいくと、思い込んでしまっているからではないでしょうか?

そうではなく、**あなたを突き動かすのは、あなたの「意思」**なのです。

原動力としての意思がなければ、すべての出来事に意味が表れてきません。

自分の「得意なこと」がなかなか見つからないという人は、小さな過去の体験や出来事という「点」をつなげて探索してみようという意思が欠けている可能性があります。

意思は「キャリアを高めたい」でもいいし、「もっと異性にモテたい」でもなんでもいいのです。自分のなかにある、自由な欲求で大いに結構です。

一方で、キャリアの課題なら、「就活の時期だからエントリーしよう」「なんとなく仕事がつまらないから転職しよう」「35歳がリミットらしいから仕事を探しはじめよう」というように、**他人や世間にいわれるがまま動いていても、そこに自分の意思がない限り、目的地まで自分を突き動かしていくことはできない**のです。


自分はどうなりたいのか？

わたしはなにがしたいのか？

それらに対する**明確な意思があれば、まるで冷蔵庫のなかの素材で手早く料理をつくるかのように、小さな「点」は自然とつながっていく**はずです。

食欲がまったくないときに「料理をつくろう」と思い立っても、やはりちょっと苦痛ではありませんか？　それこそプロでなければ、なかなかできません。

同様に、多くの人は「自分探しのプロ」ではありません。**自分探しや自己分析がうまくいかないのは、「なんとなく」「いわれるがまま」にやっている面があるから**ではないでしょうか？

自分を目的地へと突き動かす意思があってはじめて、効果的な行動ができるのです。

澤円の「点」

1 リスペクトを持って人と接する

自分の過去を振り返るときに役に立つ、「ライフラインチャート」というツールがあります。自分の過去における様々な出来事や自己成長のタイミング、価値観の変化などを、そのときの自分が感じた「幸福度」を尺度にして、客観的に振り返るツールです。

キャリアアップを考える際によく活用されるものですが、僕は人生を振り返り、自分を「再発見」するためにも活用できるのではないかと考えています。

僕の友人である、Zホールディングス株式会社Zアカデミア学長で、武蔵野大学アントレプレナーシップ学部学部長でもある伊藤羊一さんも、以前よりライフラインチャートの活用を提唱されています。

そこで、自分の過去における小さな「点」を探すイメージを持つためにも、122

〜123ページで僕自身のライフラインチャートを公開します。自分の「得意なこと」を見つける手掛かりとして活用してください。

僕自身は、若い頃かなりネガティブな思考の持ち主でした。子どもの頃から20代を経て、30代の前半頃まで、「自分はなにもできない」「自分はなにも成し遂げてこなかった」とずっと思いながら過ごしていたくらいです。

そのため、なかなかの低空飛行でチャートがはじまりますが、そのなかでも、いくつかの小さなポジティブな体験は見つけることができます。

思い出すのは、**高校時代にアメリカのオレゴン州オールバニーへホームステイに行った（①）**ことです。このときホストファミリーが温かく迎えてくれて、その家がとても居心地のいい場所だったので驚いてしまったのです。

それまでの僕にとって、家庭というのは居心地の悪い場所でした。その理由は、僕が子どもの頃の澤家は、なぜかみんないつもイライラしていて、なんとなく雰囲気が悪かったからです。僕が歳の離れた末っ子で、親や兄たちの会話や意図をいまいち掴みづらかったせいか、みんなのイライラが僕に当てられることがよくありました。

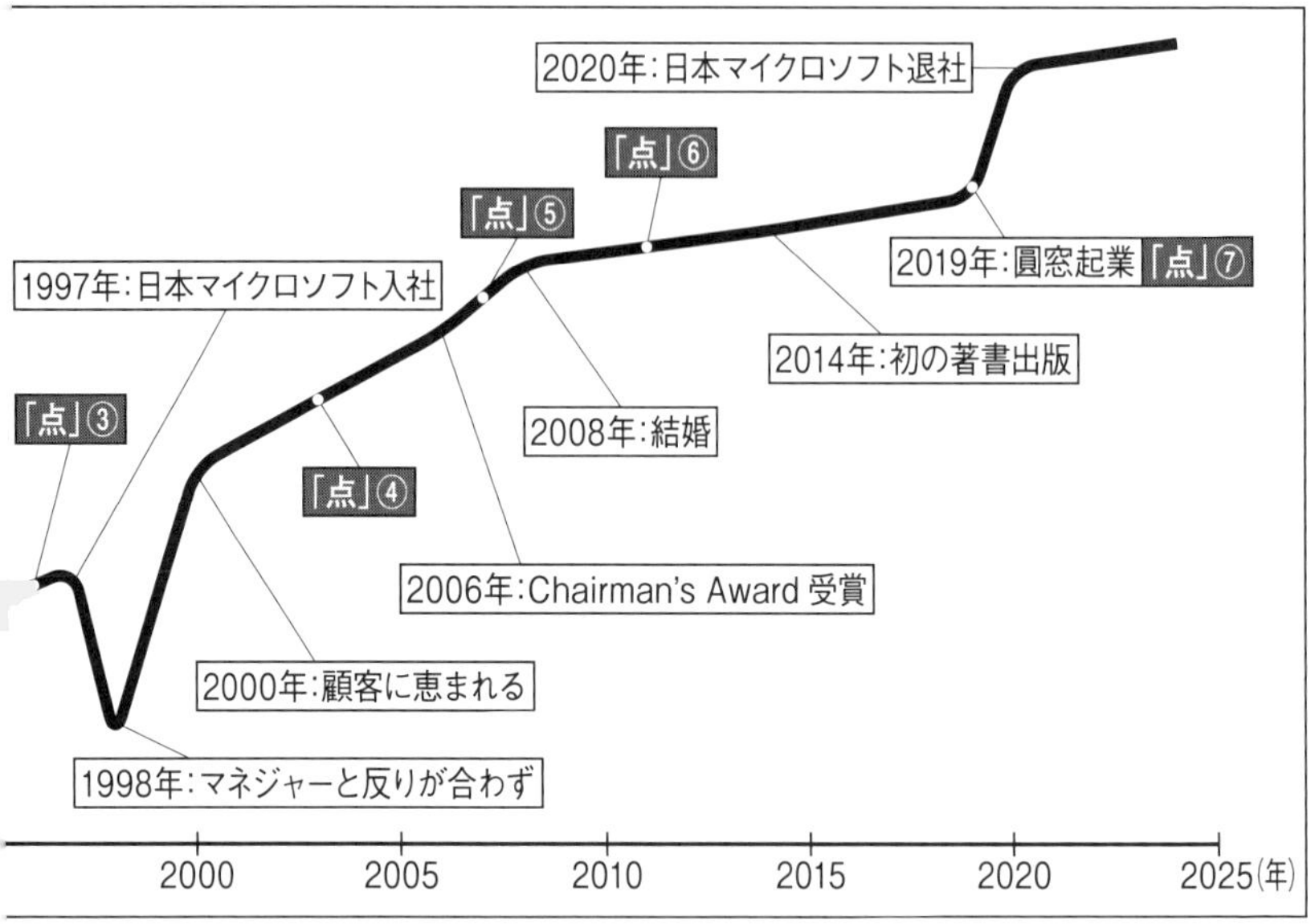

そうして頭ごなしに否定されるような経験が積み重なったことで、子どもながらも「僕はダメな人間なのかもしれない」「どうせ大した存在ではないのだろう」などと、自己否定の感情にとらわれるようになりました。

そんな状態の子ども時代だったので、ホストファミリーに温かく迎えられて、人生ではじめて「居心地のいい家族」という場所を知ったのは、僕にとって無視できない「点」になりました。

なにをいっても否定されず、自分の意見はもとより、存在そのも

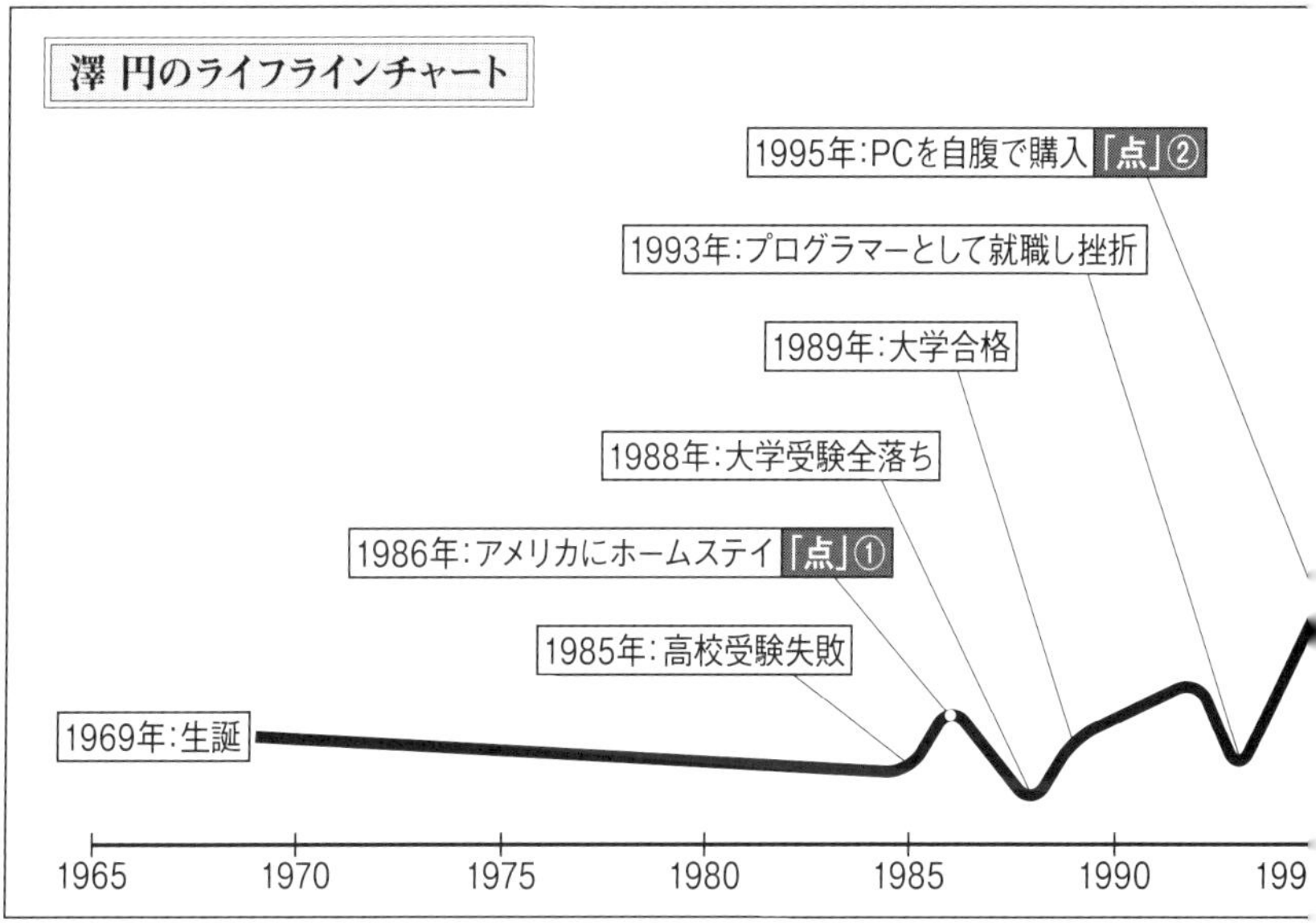

のを尊重されていると感じることができました。それによって、僕のなかにそれまでとは違ったかたちの家族の価値観をつくることができたのです。

この経験がなければ、僕はいまでも家族というものにネガティブな思いを持ち続けたまま、新しい家族をつくることにも苦労していたかもしれません。30代前半頃まで自己否定的な思考が抜けませんでしたから、子どもの頃の原体験はとても強力です。

しかし、なにかひとつでもこう

した小さな「点」を見つけることができれば、それを足がかりに自分を立て直していくことは可能です。

ホームステイは1週間程度でしたが、**「他者を頭ごなしに否定しないこと」**や**「リスペクトを持って人と接する姿勢」**などは、それ以降の人生を豊かに培っていくための土台となりました。

また、その姿勢は、のちにプレゼンテーションという仕事をするうえでも大きなベースになっています。自分の「得意なこと」にも関わる大切な気づきを、その短い期間に得ることができたのです。

澤円の「点」

2 「やりたいこと」は考える前にやる

次の「点」は1995年のことです。ウィンドウズ95が発売され、インターネットが一気に普及しはじめたこと自体は世界的な出来事でした。そして、先にも述べたように、この年に**思い切って自腹で50万円のパソコンを買った**（②）ことは、僕のキャリアにおける最大の投資となりました。

なぜ、社会人になりたての経済的に余裕がない時期に、ローンを組んでまで買ったのか？　もちろん、キャリアに役立つだろうとは漠然と思っていましたが、具体的に「○○に役立つから投資せねば」と考えていたわけではありません。

それよりも、つい新しいものに飛びついてしまうもともとの習性が大きかったと思います。世の中のニーズや見通しなどを考えたわけではなく、ただ、**新しいテクノロジーに触れたいという気持ちに素直に従った**だけでした。


それが結果的に、自分にとって好結果をもたらしたのは、やはり「これが欲しい！」という自分の「好き」に従って行動したからです。

つまり、ものごとをはじめる前に考え過ぎるのではなく、**「やりたいこと」があるなら、考える前にすぐやってしまえばいい。**失敗するのは誰しも嫌なものですが、もし失敗しても、「いい話のネタができた」くらいに思って、その出来事を捉え直せばいいのです。

のちにもたらされるメリットとともに、そんなマインドセットを持つこともできた出来事でした。

澤円の「点」

3 年齢を言い訳にしない

20代前半の頃に、もうひとつ大切な小さな「点」がありました。

それは、最初に勤めたＩＴ企業で社内の賞と50万円の研修費をいただき、シリコンバレーがあるアメリカ西海岸へ行ったときのことです。

ロサンゼルスの安いホテルに泊まり、その一階にあったスターバックスで朝食を食べていると、**あるアジア人女性とふとしたことで会話になった**（③）のですが、彼女は日本語がペラペラだったのです。

そこで、「日本語がお上手ですね」と伝えたところ、なんと彼女は60歳で日本語を勉強しはじめたというではありませんか。

詳しく聞くと、60歳で旦那さんを亡くし、それを機に自分の力だけで生きることを思い立ち、日本語学校で日本語を習いはじめたというのです。そうして3年間必死に勉強し、やがて日本人と間違われるほど流暢《りゅうちょう》に話せるようになって、ロサンゼルスの土産物屋で働いていたと話してくれました。

これも出来事としては、ただ旅先で異国の人とちょっとした会話をしただけで、誰にでも起こり得ることです。でも、この体験は僕にかなり強烈な印象を残しました。端的に、彼女の「意思」の力に驚き、感銘を受けてしまったわけです。

「そうか、年齢は言い訳にならないんだな」

そう思ったことをよく覚えています。

それ以降、僕は**自分のキャリアを年齢で考えることがなくなっていき、より自由に人生の可能性を意識できるようになった**のでした。

いまも、僕はものごとを年齢で考えることはまったくなく、年齢に関係なく幅広い人たちとコミュニケーションしています。

ただ僕は、まだあのときの彼女の年齢にすら達していません。そのため、「自分は60歳になっても彼女のような冒険ができるだろうか」と考えると、身が引き締まる思いがします。

澤円の「点」

4 すべては「ビジョン」からはじまる

次にポイントになる小さな「点」としては、29歳から30歳にかけて、ITコンサルタントとしてカゴメ株式会社を担当したことです。仕事の出会いは偶然の要素が強いのですが、担当者の饒村和彦《にょうむらかずひこ》さんが同い年のとても馬が合う方で、毎回お会いするのが楽しみでした。

なにがよかったのかというと、単にITコンサルタントとクライアントという立場で仕事をするのではなく、**同じチームとして「いいものをつくろう」という共通認識を持ったうえで働く経験ができた**（④）ことです。

当時のマイクロソフト社には、「Microsoft Solutions Framework」というITソリューション提供のためのアプローチ（指針）があり、その中核に8つの基本原則が定義されていました。

そのなかのひとつが、**「ビジョンを共有する」**という原則です。

端的にいうと、**どんな仕事やプロジェクトでも、はじめる前にまずビジョンを設定し、チームメンバーすべてが共有できている状態で仕事をする**ということです。この原則を、他社の方と同じ認識レベルで体験できたことは、僕の仕事観に大きな影響を与えたと思います。

それまでの僕は、自分のスキル不足もあり、目の前の仕事をいかに効率的に乗り切るか、うまくこなしていくかという姿勢にとらわれていた面がありました。そうしていると、スキル面は成長するものの、仕事の価値やチームで協働することの意義、また働く楽しさなどを感じることはできませんでした。

ですが、どんなものごとも、まず「ビジョン（＝方向を見誤らないための目印）」を設定し、それをチーム全員が共有している状態で動くことができれば、想定以上の結果を生み出すことができるとリアルに体験したわけです。

この体験によって、僕の仕事に対する向き合い方が変化していきました。

仕事というものを「よりよい未来をつくるためのアプローチ」として捉えるようになり、過去や現在ではなく、未来のビジョンを基準にしてそこに向かうプロセスを考

えるようになったのです。
現在でも、講演やプレゼンテーションの場で、どんなこともまずビジョンを持つことの重要性をお伝えしています。

澤円の「点」

5 やりたいことは自分で決める

37歳のとき、僕は世界中のマイクロソフト社の社員のなかで卓越した者に与えられる「Chairman's Award」という大きな賞をいただきました。これは、間違いなくターニングポイントになった出来事だと振り返ることができます。これをきっかけに、最初はボランティアで社外においてプレゼンをしたり、教えたりするようになり、活動の幅が広がっていきました。

ただ、それよりも小さな「点」としての出来事があり、それが**マネージャーにキャリアチェンジした**（⑤）ことです。

それまではプレイヤーとして結果を出していたので、そのままのかたちで働く選択肢はありました。ただ、プレイヤーとしてのピークを認識したとき、自然と「もうやめよう」と思えたのです。

ひとつには、「プレイヤーとして築いてきた自分の位置にしがみつくのは嫌だな」と本能的に感じたことがあります。要するに、**ひとつの「得意なこと」に頼りながら年齢を重ねていくのは避けたい**ということです。

また、自分はプレイヤーとして優れていたというよりも、**「ただ運がよかっただけ」というどこか冷めた認識**がありました。なぜなら、社内を見渡せば、それこそ技術的な能力をはじめ、自分よりも優れている人なんていくらでもいたからです。

ただ、僕はインターネットの登場以降、「ITの語り部」として、顧客に様々な提案をすることができ、顧客が求めている解決策とうまくマッチさせることができました。つまり、そのとき市場から求められていたものを、高い解像度でたまたま提供することができただけという感覚があったのです。

こうした、ちょっと冷めた感じのマインドセットは、僕の**「やりたいことは自分で決める」「求められても無理してやらない」**という考え方にもつながっています。

よく「いまの世の中では○○が求められているからやったほうがいい」といわれることがありますよね？　その○○のなかには、資格や投資、ＡＩなど流行りのキーワードが入ると考えてください。

でも、僕はこのとき迷いを一切持ちません。理由は、自分がそれを高いレベルでできないのであれば、負ける可能性のあることには無駄に手を出さないところがあるからです。こう書くと、ちょっと保守的なように思われるかもしれませんが、プレイヤーとしてのピーク時にマネージャーを選択したわけですから、チャレンジしないという意味ではありません。

そうではなく、**自分がやってみたいと思えることで、少しだけ欲張ってみるくらいのチャレンジで全然構わない**のではないかと考えています。

よく「コンフォートゾーンを飛び出せ」「思い切って自分を根本的に変えろ」などといわれることがありますが、僕は「やりたい人はやればいいのでは？」というスタンスです。あくまでも、自分がしたいと思う範囲のなかで、いろいろと方法を試したり、チャレンジしたりするのがいいでしょう。

このような経緯で、社内でプレイヤーとして大きな賞をいただいたとき、僕はプレイヤーをやめました。そこからはじめてマネージャーになり、自分よりもチームメンバーのことを優先するマインドセットがより強く育っていったと思います。

その選択には、かつてカゴメ株式会社の担当者とともにチームとして働いた、あの素敵な経験も心のどこかで影響していたと感じます。

澤円の「点」

6

肩書きと「得意なこと」に相関関係はない

2009年に、僕の友人で現在マイクロソフト製品やテクノロジー全般を扱う日本人エバンジェリストである西脇資哲《にしわきもとあき》さんが入社されたことは、またひとつキャリアの方向性が変化していくきっかけになった小さな「点」でした。

彼が日本オラクル株式会社から入社したとき、社内のことを教える人が必要になり、誰かが僕を推薦してくれたことで知り合いました。会ってみると、同い年で気が合い、いろいろなことを話せる間柄になりました。

そのとき、彼が社外でも自由に活動していることを知り、**自分も「複業」を積極的にやってみようかなと思った⑥**のです。

こうして、社外でプレゼンテーションを指南したり、ＩＴについて話したりする活動をはじめたときに、当時、妻が草創期の株式会社ビズリーチを手伝っていたことがきっかけで、２０１０年頃からスタートアップ界隈《かいわい》の人たちと交流するようになりました。

これも出来事としては、ただスタートアップ界隈の人たちと付き合うようになったという小さな「点」に過ぎません。でも、僕にとっては大きな価値観の転換点になりました。なにしろ草創期のビズリーチの関係者をはじめ、**スタートアップ界隈の人たちは、既存の会社のネームバリューや、その内部構造やポジションなどにまったく価値を見出していない人たちだった**からです。

それよりも、自分の「やりたいこと」に自ら熱狂していて、優れた能力と持てるエネルギーのすべてを注ぎ込み、社会や世界自体を変えようとする〝変わり者〟たちの集まりだったのです。

当時のビズリーチの関係者たちも、自分たちのことを〝草ベンチャー〟と称していましたが、そんな会社の最初期フェーズの成長に、いわゆる〝サラリーマン社会〟から飛び出して顧問として手を貸せたのは、僕にとって本当にプライスレスな体験でした。

その後も、多種多様なスタートアップ界隈の人たちと付き合ううちに、僕自身、会社での出世競争やポジションに対して、どんどん意味を見出せなくなっている自分に気づくようになりました。

日本マイクロソフト社は外資系企業ですから、年功序列のような制度のない実力主義の会社です。それでも、やはり会社のなかの呼称やポジションの高さ、配下のメンバー数などといった基準はあり、それらを目指す競争や他人からの妬みなどを目の当たりにして、耐えがたい違和感を抱くようになっていったのです。

そうなった背景にあるのは、やはりスタートアップ界隈の多様な価値観に触れたことでしょう。彼ら彼女らは「やりたいこと」があればすぐやるし、そのために会社が必要なら、登記してすぐ社長にもなるわけです。そんな人たちの世界に触れていると、既存の仕組みのなかで上を目指していく働き方が、なにか滑稽なものに思えはじめました。

要は、**自分の「得意なこと」と、所属する会社のなかの呼称やポジションにはまったく相関関係がない**ということです。

逆にいうと、自分を振り返るとき、**いまの自分の立場やポジションなどにこだわっている状態だと、自分の「得意なこと」は見つけにくくなる**ということでもあるでしょう。

その後もいろいろな出会いがあり、2014年には、スタートアップ界隈で知らない人はいないともいわれる起業家である株式会社ウィズグループ代表取締役の奥田浩美さんと、株式会社プロノバ代表取締役社長の岡島悦子さんにお会いしました。

彼女たちは多くの人たちから尊敬され、マーケットからもとても求められている方たちです。また、会社の肩書きなんて一切関係ないことを体現されている方たちでもありました。

そんな数々の出会いのなかで、僕は当時、「IT界の巨人」といわれる会社に勤めていましたが、そんなネームバリューや社内の立場は、「得意なこと」を活かして自由に働くことや、「やりたいこと」に熱狂して生きることにまったく関係がないと明確に意識するようになっていったのです。

澤円の「点」

7 滑走していればいつだって飛べる

僕は2020年の8月に、23年勤めた日本マイクロソフト社を退職しました。これは大きな出来事にも思えますが、実は前年2019年の10月に、すでに現在、僕が代表取締役を務める株式会社圓窓《えんそう》を法人登記していました。しかも、法人登記の前の2019年5月に現在の事務所を借りており、**退社の1年以上も前に自分だけの場所をつくっていた（⑦）**のです。僕にとってはこちらのほうが意味を持つ「点」といえます。

その頃にはもうテレワークを頻繁に行っていて、複業が本格化していました。そこで、集中して作業できる場所が会社以外に欲しいと思い、自分の場所をつくったという経緯です。

また、妻が結婚当初から小さなアトリエを借りていて、傍目にも「いいな」「楽しそうだな」と密かに思っていました。そうして、僕の「得意なこと」である〝ぼっち〟エイリアスが、はじめてかたちを成しはじめたというわけです。

その意味では、2019年の1月に、多忙になっていた活動のマネジメントを外部委託するために、株式会社キャスターとオンライン秘書の契約をしたのも小さな「点」です。それまでは自力かつ、アシスタント業務をしてくれる知人を頼ってなんとかやっていたのですが、思い切ってオンラインサービスに切り替えたのです。

それを皮切りに、**自分の〝バーチャルチーム〟**がどんどんできていきました。

税理士や弁護士のチームができるのはわかりやすいのですが、他にも美容チーム、スタイリングチーム、企画・プロデューストチームという具合に、相談に乗ってくれるチームが周囲にたくさんできていったのです。

それにより、**自分が本当に価値を出せる領域に集中できる状態をつくる**ことができたのです。

そうして、1年以上も前から退社の布石があったところに、突然、世界はコロナ禍に突入しましたが、僕はその只中に退社しました。周囲には、「こんなときにマイクロソフトを辞めてうまくいくの？」と心配してくれる方もいましたが、コロナ禍の前にすべて準備が整っていたからです。

多くの人がリモートワークに対応しはじめた頃には、すでにリモート環境で講演やプレゼンなどもこなしていたので、逆に仕事が集中してやって来ました。

また、事務所を借りてひとりでこもるようになると、〝ぼっち〟があまりに心地いいので、もう自然と会社を辞めてしまいました。「コロナ禍を機にキャリアを変えよう」と気合を入れて辞めたわけではなく、ただ、自分の「得意なこと」をあるがままにやろうと思っただけでした。

お伝えしたいポイントは、会社を辞めることを離陸にたとえるなら、**離陸する前には滑走路を走っている必要がある**ということです。

会社員時代に複業を長くやっていましたから、たまたま世の中がコロナ禍になっても、すぐに移行することができました。もし、会社を辞めた後に滑走路を走ることになっていたとしたら、コロナ禍の影響をもろに受けてしんどかったと思います。

つまり、**チャンスは誰にでも訪れていますが、準備している人が摑みやすくなる**ということです。コロナ禍をチャンスと表現するのは語弊があるかもしれませんが、僕の場合、まさにコロナ禍のタイミングで、より自由で充実した人生が開けていきました。

そして、**準備をするということは、なにかしらの「行動」をしていることを意味します**。だから僕は、機会があるたびに「気になるならやってみなよ!」「いますぐやってみたら?」「ちょっとでもいいからはじめてみたら?」と、多くの人をけしかけているのです。

他者に興味を持てば、自然と「わたし」が浮かび上がる

少し長くなりましたが、「わたし」を再発見するための例として、僕自身の振り返

りを行ってみました。ライフラインチャートは自分が感じる「幸福度」を尺度にしますから、幸福度が上がっていくタイミングや、逆に落ちていた時期などに注目すると、過去における「点」を探すいいアプローチになります。

特に、**ポジティブな気持ちで思い出せるちょっとした出来事は、すべて自分の「得意なこと」を見つけるための「点」になり得ます。**そうして見つけた一つひとつの「点」を、他の「点」とつなげたり、共通項を探したりすることで、「得意なこと」が自然と浮かび上がってくるはずです。

また、「得意なこと」を探すのは、能力やスキルではなく「意思」が重要になることもお伝えしました。

最後に、望む未来へ向けた「点」のつなぎ方として、ひとつの具体的なアプローチも紹介しておきます。

それは、意外に思えるかもしれませんが、**「人に聞く」**という方法です。

というのも、僕自身が自分のビジョンや向かっていきたい方向を考えるとき、一番のきっかけになるのは、いつも「人に聞かれる」ことだからです。

「どのようにビジョンを見つけているのですか?」「これからなにをしたいと考えていますか?」と多くの人に聞かれるから、自然と考えるようになった感じです。

僕はこれまで人生の計画を立てたことがないし、いつも目の前の好きなことに集中して生きてきました。いわば、自分の幸せを求めて好き勝手に生きているだけです。

そんなとき、「どうやったら幸せに生きられますか?」と聞かれると、ふと立ち止まって自分について客観的に考えるモードに変わることができます。

自分でイチから考えるよりも、人から受けた質問に対して答えようとするほうが、自分の思考を言語化しやすくなるわけです。

「点」と「点」をつなげて、自分の未来のビジョンを見つけたいのなら、それを話す相手を探せばいいのです。**自分で自分に問いかけるそのきっかけさえも、自分で「行動してつくる」**ということです。

例えば、自分と共通項があるコミュニティに参加して、考えを交換し合うのはいい機会になるでしょう。ちなみに、僕のオンラインサロンでも、メンバーが自律的に、自由なコミュニティを立ち上げて活発に意見を交換しています。

自分のことだからといって、最初から最後までひとりで考えようとすると、どうしてもしんどくなりがちです。自分で考えることはもちろん大切ですが、それを誰かに話してみたり、他人の意見を聞いたりするほうが、もっと楽に自分を探していくことができます。

内なる衝動だけですべて完結できる人は、ある意味で天才肌の人かもしれません。たいていの人は、他者の言葉や存在によって頑張れたり、他人の目があるから背筋が伸びたりする場合が多いのではないでしょうか。

自分のことを聞いてもらうためには、先に、自分から相手のことを聞いて回るのがいいでしょう。すると、「ところであなたはどうなの?」と、聞いてもらえる可能性が高まります。

他者に興味を持つことが、自分を探すためのアプローチになるということです。

ただし、他者に話を聞いて回る際の注意点があります。

まず、**相手の話を聞くからには、その内容に関心を持ちましょう。**誰しも、相手の自由な考えをジャッジする立場にないわけですから、相手の話について評価や批判をする必要はありません。

もっというと、**人の話は賞賛だけをするスタンスで聞く**ようにしてみてください。

もちろん、相手の考え方にどうしても賛同できない場合もあるでしょう。そんなときは、「いやあ、その考えはなかなかロックですね！」などといえばいいのです。要は、決して否定しない。でも、自分がうまく納得できない気持ちも、驚きに変えて伝えてみる。こんな便利でしなやかな言葉をストックしておくのも、他者に興味を持ってコミュニケーションするときのポイントです。


「わたし」を再発見するのは、「わたし」自身に違いありません。

でも、その「わたし」は他者とともに生き、仕事を通して他者に貢献しています。

いや、働いていなくても、**生きているだけで誰かに貢献しているの**です。

だから、もっと他者に興味を持ってみましょう。それによって、他者はあなたに興味を持ってくれます。そうしてお互いにコミュニケーションをし、相手の話を受けて自分のことを考えるなかで、自然と「わたし」が浮かび上がってくるのです。


他者との関わりに踏み出すという「行動」をすることで、自分の「得意なこと」が

次第にわかってくるものなのです。

「いやいや、どうしても納得できないことをいわれた」という場合もあるかもしれません。世の中には、実にいろいろな考え方や価値観を持った人がいます。

そんなときは笑って、「その考えはすっごくパンクですね！」と、軽くいなしておきましょう。

第4章

すぐ行動できる人になる

行動すれば着実に前進していける

ここまで、自分の「得意なこと」を活用し、自由で充実した人生をつくっていくための考え方や具体的な手掛かりをお伝えしてきました。

そのためのもっとも重要なアプローチが、「行動」することです。

行動するからこそ、自分の「得意なこと」が少しずつわかるようになります。

また、チャンスは誰にでも訪れていて、準備している人がそれを摑みやすくなることもお伝えしました。インターネットの普及であれ、リーマン・ショックをはじめとする大不況であれ、突然のコロナ禍であれ、生成AIの登場であれ、普段から「得意なこと」を軸にして準備していれば、一見ネガティブな環境でも、チャンスに変えることは可能です。

そして、「準備している」とは、やはり「普段から行動している」ということなのです。

行動しなければ、なにごとも生み出せません。

それでも、行動することが難しいという人はたくさんいます。

すぐ行動できる人は、他の人といったいなにが違うのでしょうか？

すぐ行動できる人にもいろいろなタイプがあります。

まず、失敗をまったく恐れなかったり、なにかをしていないと落ち着かなかったりする、もともとの性質を持つ人がいます。ちなみに僕は、ＡＤＨＤ（注意欠如・多動症）の診断を受けたことがあり、考える前に動いてしまうタイプです。行動に取り掛かるスピードがたいていの人より早いので、それによって多くのチャンスを得ることができました。

でも、考える前に行動するから、事故を起こしやすくもなります。道に迷うなんてしょっちゅうですし、人がしないようなミスをこれまでたくさんする羽目になりました。

その他には、自分の気持ちに素直な人も、すぐ行動できる場合が多いでしょう。「やりたい」と思ったらやる人です。行動する前にできない言い訳を考えないので、ある意味では潔い人といえます。

さらに、自分と他人を比較しない人も、すぐに行動できるタイプです。ネガティブな他者評価が入り込んでくると、どうしても「やめておいたほうがいいかも」「もう若くないんだし」「そんなお金はない」「時間もない」といった考えにとらわれて二の足を踏みがちです。

でも、最初から他者と比較しない人は、行動を止めようとする意見や考えの影響を受けづらいわけです。

当然ながら、すぐに行動したとしても、必ずしもその行動が正しいとは限りません。そうであるにもかかわらず、僕は本書で「すぐ行動する」ことをおすすめしてきました。

なぜなら、行動することで自分に〝ゆらぎ〟をつくっていくと、自分だけに向けた情報が増えて（37ページ）、ＯＯＤＡループ（１０６ページ）を高速で回すこともできるからです。

つまり、**たとえミスは避けられなくても、行動することで着実に前進していくこと**

ができるのです。

すぐ行動するために今日からできる4つのこと

それでも、一歩を踏み出すことがなかなかできないという人もいると思います。そこで、ここでは実践しやすい4つの具体的な方法を紹介します。

①宣言する
②ご褒美を用意しておく
③仲間をつくる
④できない理由を自分に問いかける

ひとつ目は、周囲に「宣言する」という方法です。家族や仲のいい友人、SNSでもいいので、**「これをやろうと思う」「やったら褒めてね」と宣言**します。すると、口に出していった手前、実際に行動しないとかっこ悪いし、プレッシャーがかかり過ぎない程度にやらざるを得ない状況をつくることができます。

ふたつ目は、「ご褒美を用意しておく」ことです。なにかの行動ができたら、**自分が好きなちょっとしたご褒美（食べ物や趣味に費やす時間など）を用意しておくと、小さな達成感を得ながら行動を続けやすくなります。**

3つ目は、「仲間をつくる」方法です。みなさんは「もくもく会」というコミュニティを知っていますか？　参加者が集い、各々の作業（勉強や読書など）をまさに黙々と続ける会のことです。テーマや目的などは基本的に自由ですが、テーマ（勉強、金融教育、親子で読書など）を決めて運営されるものもたくさんあります。

こうしたコミュニティに参加して、**ゆるい仲間をつくっておくと行動しやすくなり、悩んだときは相談もできる**ので、行動を持続させやすくなります。

僕のオンラインサロンでも、メディアプラットフォームのnoteを活用したオンラインもくもく会を、メンバーが自発的に集って開催しています。

それでもうまく行動できない場合は、4つ目の「できない理由を自分に問いかける」という方法をおすすめします。

まず、行動できない理由を自分自身に説明し、そこに合理的な理由（今日は熱がある、機嫌がとても悪いなど）があるなら、行動できないのは仕方がないと判断することができます。

でもこのとき、合理的ではない「なんとなく」行動しない理由の場合があります。それは行動するのが怖いのかもしれないし、面倒なのかもしれないし、時間がないと感じているのかもしれません。こうした**行動できないことを引き起こしている、もうひとつ手前の理由にフォーカスすれば、なかなか動けない自分に〝ゆらぎ〟を与えることができます。**

例えば、時間がないと感じているなら、まとまった時間さえあれば行動できるはずです。そのため、やらなくてもいいことを探し出し、それをやめれば時間をつくることができます。たいていの場合、特にやらなくてもいいことは生活のなかにたくさん潜んでいるものです。

ただし、時間がないと感じているのは、その裏に結局は「行動するのが怖い」という気持ちが隠されている場合もあります。そんなときは、時間をつくっても自分を動かすことは難しいので、**「なにが怖いのだろう？」「なにが起こるのを恐れているのだろう？」と、自分の気持ちを掘り下げていく**プロセスが必要になるでしょう。

なかなか動けない自分に〝ゆらぎ〟を与えるというのは、このように**まるで誰かをどこかに連れ出すように、なかなか外に出ていかない自分自身を誘い出す**イメージです。

もし「そんなことをするのも面倒だなあ」と思うならば、そもそもそれは「やりたいこと」ではない可能性が高く、無理に行動しなくてもいいはずです。

少なくとも、それを「やらない」ことがはっきりしただけでも前進していると考えましょう。

できない理由を自分に問いかけて、足踏みしている自分を認識できれば、そこではじめて「なにもやらないより、なにかやったほうがいい」と思えるようになるわけです。

自分の興味や欲求をもとに行動する人たち

ここで、自分の興味や欲求をもとに行動する感覚を摑んでいただくために、ユニークなキャリアチェンジや生き方を模索している僕の友人たちを実例として紹介します。彼ら彼女らは、自分の気持ちに素直に行動する、いわばクラゲ人材、ワカメ人材の典型でもあります。

辺土正樹《へんどまさき》さん（移住猟師）

東京から岡山県の山間部に移住し、狩猟生活をはじめた辺土さんにお会いする前から、僕は彼のYouTube（チャンネル名『life』）やVoicy（チャンネル名『〜移住猟師のひとりごと〜』）を視聴していました。

彼はもともと東京で庭師として、個人邸や商業施設の庭を手掛けていましたが、都会の生活に疑問を持ち、移住して狩猟免許を取りイノシシやシカなどのわな猟をはじめました。やがて美味しい肉を得るには生け獲りが必要と知り、本やネットなどで独力で学んだのち、「狩猟して自分でさばいて食べる」自給自足生活を送るようになりました。料理を分けてもらったことがありますが、どれも信じられないほど美味しいのです。

彼が行っていることは文明社会とは真逆に見えますが、自分で獲物を獲って食べるという営みは、本来人間にとって自然なことであり、生きることの原点だと彼はいいます。各方面から頻繁に批判されるそうですが、狩猟は駆除ではなく、「自然から糧を得ること」だという信念のもとに行動されています。興味のある方は、著書『移住してはじめる狩猟ライフ——イノシシ・シカ猟で食肉自給率100%——』（さくら舎）をチェックしてみてください。

山形《やまがた》巧哉《たくや》さん（経営コンサルタント）

北海道の森町という人口約1万3千人台（2024年現在）の町で、「地域でどう楽しく過ごすか」「教育や行政がどうあると、そこに住む人々が幸せと感じることができるのか」をテーマに、主に経営コンサルティング活動をされている方です。

もともとは森町の町役場でずっと働き、2022年に合同会社山形巧哉デザイン事務所代表として独立されました。特に、行政や教育現場でのデジタル技術活用や構築に関する実務経験をもとに、比較的小規模な市町村と「デジタルと、なにか」を一緒に考えて、創り上げていく活動をされています。

山形さんがユニークなのは、自分の「得意なこと」を活かして活動されているのはもちろんのこと、なにより森町に住みながら幅広い活動をされている点です。彼は、「知名度の高くない街で活動したことによるおかげ」と謙遜されますが、「得意なこと」を活かして多様な人や企業と仕事をするには、なにも都会や大きな街にいる必要はまったくないということです。

自分の好きな町に住み続けながら、都会の人たちとも日常的に交流して生きているのは、とても素敵なスタイルだと思います。

落合絵美さん（ＰＲコンサルタント）

落合さんはＰＲコンサルタントとして、企業のコンサルティングから実働まで幅広く活動されています。大学卒業後に出版社に勤めるも、「せっかく良いコンテンツを作っても、ＰＲがわからなければ犬死だ」と痛感しＰＲ会社に転職。幅広い企業の広報の経験を積み、２０２０年に株式会社Ｋｉｓｓ ａｎｄ Ｃｒｙを立ち上げて、ＰＲコンサルタントとして活躍されています。

また、プロボノとして複数のＮＰＯの運営や、ライター、フォトグラファー活動も行っています。

彼女は20代で結婚と離婚を経験し、結婚願望はなくなったものの、うっすらと子どもは欲しいと思いながら過ごし、現在は半同棲のかたちで選択的シングルマザーとしての生き方を選ばれています。また、一度失ったキャリアを再構築し、自分の会社を興すまでになられました。

僕が素敵だと思うのは、なにがあっても「人生はやり直しが利く」ということを体現されていることです。また、どこにだって、自分の味方をしてくれる人はいるということも重要なポイントです。

いろいろな働き方があっていいし、ライフスタイルがあっていい。そのことを、まさにご自身の生き方によってＰＲされているように感じるのです。

鷹鳥屋明《たかとりやあきら》さん（中東コーディネーター）

鷹鳥屋さんは、アラブ、中東でもっとも有名な大分県人でしょう。イスラム教徒ではありませんが、常にアラブの伝統衣装を着て日本でも過ごしている方です。ビジネスパーソンとして中東に深く関わり、現在は独立してこの地域・国々と日本の架け橋となるべく仕事を続けています。サウジアラビア政府観光事務局から産業促進担当の任命を受けるなど、現地でもよく知られる日本人のひとりです。

僕が凄いなと感じるのは、アラブの衣装を身に着け、軽々と日本から飛び出し、現地の人たちや、王族を含む層の人たちといつでもコミュニケーションできる状態をつくっていることです。鷹鳥屋さんにお会いすると、いつも〝越境〟という言葉が頭に浮かびます。

また、子どもの頃からアニメ・漫画オタクで、中東は日本のサブカルチャー人気が高いことから、現地でアニメフェスのプロデュースを手伝う活動もしています。

彼はもともと、日本企業の体質とあまり合わず、お酒が飲めないのにアルハラを受けるといった苦労もあったそうです。でも、お酒が飲めないことですら、お酒と関わりがない中東に〝越境〟することで「得意なこと」につなげてしまったのです。そんな軽やかな行動力にいつも驚きます。著書『私はアラブの王様たちとどのように付き合っているのか？』（星海社新書）には、さらに詳しい情報が掲載されています。

自分の興味や欲求、「得意なこと」を軸にして行動する人たちを紹介しました。4人の共通点はいくつかありますが、なにより幅広い人との縁を大切にしていることが挙げられます。

もともとの領域のなかで結果を出しながらも、**同じクラスター内の人間関係で閉じることなく、その外へとはみ出していく。本来なら交差しないような人たちとも、積極的に交流する姿勢が大きく活躍されているポイント**でしょう。

よく、「ニッチ戦略」といわれますが、彼ら彼女らは、**自分の「得意なこと」や「やりたいこと」に素直に行動したことで、結果的にニッチになりました。**ニッチな領域だから狙うのではなく、自分だけの興味や関心を追いかけていたら、たまたまそこに誰もいなくてパイオニアになったのです。

そもそも自分という存在はこの世にひとりしかいないわけですから、その自分が求めるもののために行動していれば、結果的にニッチになっていくものなのかもしれません。そして、ニッチであるがゆえに、無用な競争をする必要もないというわけです。

「わたしには向いていない」って本当？

行動する人の実例を紹介しましたが、ここで、すぐに行動できない人が持ち出しがちな言葉（理由）を分析してみます。

それは、おもに周囲からの評価に影響を受けて発せられる「わたしには向いていない」という言葉です。

なにか新しいことに出会ったときに、「向いている、向いていない」を気にする人がいます。でも、よく考えてみると、これはちょっと不思議なこだわりです。

なぜなら、**「自分に向いていなければ、なにもかもをあきらめるの？」**という疑問が生まれるからです。逆から見れば、**「自分に向いていることだけをやって生きるの？」**という疑問も残ります。

そこで、「わたしには向いていない」と思ったときには、ぜひ自分の周囲の環境を少し見渡してみてください。すると、少なくとも民主主義国であり戦時でもない日本で暮らす日本人であれば、いまかなりの程度「やりたいこと」に挑戦し、「得意なこと」を活かして、自由に生きていく選択肢を手にしていることに気づくはずです。場合によっては、環境や条件、タイミングなどが合わないという制約はあるでしょう。それでも、かなり多くの可能性を持っているのは事実です。

つまり、**自分の可能性は「すでにかなり開かれているのだ」と見方を変えればいい**のです。「向いていない」という感覚や思い込みだけですべてをあきらめるのは、僕はかなりもったいないことだと感じます。

確かに、「向いていること」が本当に好きなことなら、それだけをやって幸せに生きられる場合もあるでしょう。ですが、僕の経験上、ことはそう簡単にはいきません。「向いていること」だけをやり続けるのは、実は案外、難しいことだからです。

その理由は、仕事でも生活でも、他者とのコミュニケーションでもなんでも構いませんが、**ほとんどの場合、「向いていること」のなかに「向いていないこと」が含ま**

れているからです。

仕事で考えるとわかりやすくなります。仮に「いま好きな仕事をしている」「毎日仕事が楽しい」として、よくよくその仕事の中身を分析すると、その好きな仕事のなかにも「向いていないこと」がたくさん含まれていると気づくはずです。

例えば、営業が好きなのにエクセルを使った事務作業が苦痛だったり、クリエイティブな作業が好きでもそれを多くの人の前で発表するのは苦手だったりするのは、よくある話ではないでしょうか。

つまり、**「向いていること」を一定のレベルで行おうとするなら、どのみち「向いていないこと」もそれなりにやる必要がある**というわけです。

もちろん、「向いていないこと」に時間と労力を取られ過ぎないように、それらを外部委託して効率化を図ることは重要です。

ただ、**なにかをはじめる前から「向いている、向いていない」を気にし過ぎると、せっかく自分にやってきたチャンスを逸してしまう**ため、僕はあまり意味がないと考えています。

「向いていないこと」ですら「得意なこと」に変える

僕は、**「向いている、向いていない」を気にしている人は、実は「楽にできるか、楽にできないか」を気にしている面がある**と見ています。

もちろん、「向いていないこと」が心身に悪影響を与えるような状態なら、すぐにその場を離れたほうがいいと思います。

しかし、「楽にできないこと」を避けてばかりいると、それを頑張ってやり遂げた人が持つ能力やスキルを得られないことはあきらかです。なにかをやり遂げた人たちは、**しんどい状況を自ら工夫して乗り越えてきたことで、自分なりの経験値や行動のメソッドが蓄積されている**からです。

そして、それらの経験値や行動のメソッドがまた、次の前進のための原動力になっていきます。

このようなことをお伝えしているのは、僕自身が、長年苦労して続けたエンジニアという職業にそもそも向いていなかったからです。ちなみに、長年続けた後に、ある機会に職業の適性度を測る検査を受けたとき、もっとも向いていない職業はエンジニアという結果が出て、目が点になってしまいました。

客観的に適性を測っても「向いていない」わけなので、エンジニアとしての能力は三流であることを僕は認めています。僕よりも優れたエンジニアは、世の中にごまんといます。

ならば、**「向いていない」からものにならないのかというと、そうでもない**と僕は考えます。長年三流エンジニアを続けた結果として、いまの僕があるということは、**「ものにするステップ」が変わる可能性がある**ということです。

エンジニアを例にして述べていきますが、みなさんはご自身の職業を当てはめて考えてみてください。

まず、**三流エンジニアをメタ思考によって分析すると、エンジニアとしての適性がないにもかかわらず、エンジニアリングの基礎知識や実地の経験値を持っている状態**

といえます。だからこそ、**世の中のＩＴ初心者に対して、わかりやすく説明できるという「得意なこと」を生み出せる**わけです。

当然、一流のエンジニアは、僕のような領域に足を踏み出す必要はありません。そんなことをしなくても、エンジニアリングの専門領域で十分勝負できるからです。

また、エンジニアとして二流の人も、一流を目指したり、エンジニアとして独自色を出したりしますから、同じく僕のような領域に踏み出す必要はありません。

ただし、**二流の領域の人がしんどいのは、たくさんの人が切磋《せっさ》琢磨《たくま》している領域にいることで、すでに労働市場がレッドオーシャン化している**ことです。

本当はこの人たちも領域をずらしたり、変えたりすれば、大きく活躍できる可能性があります。でも、常に切磋琢磨して「上には上がいる」ことを肌身で知っているために、自信を失ってしまっている場合がよく見られます。

「いい能力を持っているね！　他の領域で使ってみれば？」と誰かにアドバイスされても、「いや、わたしなんかまだまだですよ」「大した能力でもないですよ」などと謙遜してしまい、チャンスを逃す場合があるのです。

もうひとつ、常に時代は変化していきますから、時代の変化とともに「向いていないこと」がプラスに転じることは十分あり得ます。

第1章で述べたように、僕の場合は、インターネットの登場によってエンジニアリングの世界どころか、全世界が様変わりしていきました。それゆえ、多くのエンジニアが等しく同じインターネット時代のスタートラインに立つことになり、自腹でパソコンを買ったおかげもあって、図らずもインターネット・テクノロジーについてわかりやすく説明するという生業を手にしました。

そして現在は、生成ＡＩがコードを書く世界に変わりつつあります。すると、生成ＡＩが解釈し理解できるように指示する「プロンプト」のプロセスには、言語化能力が重要になりますから、**ハイレベルなコードを書けなくても、言語化能力がある人のほうが生成AI時代には「向いている」可能性もある**わけです。

これはどんな領域でも、**言語化能力に秀でている人が活躍できる**と見ることもできます。

ちなみに、生成ＡＩはトレンドになっている時点で、すでにレッドオーシャン化していますから、流行っているからといってそのままエンジニアの世界に飛び込むと、厳しい競争環境が待っているともいえるでしょう。

ぜひ、僕の三流エンジニアとしての戦略を、みなさんの仕事に置き換えて、頭のなかでいろいろとシミュレーションしてみてください。

まとめると、「向いている、向いていない」「楽にできるか、楽にできないか」にこだわっていても、未来を切り拓いていくことはできません。そうではなく、自分自身を客観的に「観察」し、発想を転換することが必要です。**たとえ三流であっても、その経験や知識、行動メソッドを、他の「得意なこと」や別の領域と掛け合わせれば、いきなり差別化された武器に化ける**ことは十分あり得ます。

「向いていない」ことですら、「得意なこと」に変えられるのです。

自分で選べば幸せに近づいていける

「向いていない」ことですら、自分の「得意なこと」に変わるかもしれないのであれば、しんどいと思うことでも、簡単に投げ出さないほうが道は開けるかもしれません。ただし、しんどいことを強制されて毎日嫌な気持ちになっていたり、誰かのいう通りにしたくなかったり、作業に意味を見出せなかったりするなら、すぐにやめるのもいいでしょう。

つまり、このときの選択も「意思」の問題なのです。

わかりやすくたとえ話をします。あなたは仕事で10キロメートル離れた場所へ行かなければならないのに、電車やタクシー、自転車なども使えない状況にあるとします。そんなとき、誰かに「君は歩いて来て」と強制されたなら、それは完全にパワハラになります。

でも、あなたがたまたま週末に10キロメートル走ろうと思っていたとしたら、「ちょうどいいから走ってみよう」と考えるかもしれません。週末の時間を仕事の移動時間に割り当てられるなら、それは効率的といえます。もちろん、パワハラを黙認するという意味ではありません。

このように、**「ならば、10キロメートル走って自分を鍛えてやるか」と発想を転換**

できるかどうかは、あなたの「意思」次第だということです。

自分のあり方や考え方を変えることは、持って生まれた素質や能力というよりも、「意思」だと見ることが大切です。

だから、しんどいと思いながらも、一方で自分の鍛錬にもなると思えるのなら、それは続ければいいのではないでしょうか。

なにより、**自分の道は自分で選ぶ**ことが大切だと僕は思います。

自分の考えや捉え方を自分で選べるようになっていくと、「あたりまえ」と思い込み、凝り固まっていた自分のなかの価値観がシャッフルされていきます。**世の中には自分が想像する以上にいろいろな選択肢があることに気づき、思考が軽やかになっていく**のです。

実のところ、**行動するときに選択肢が思い浮かばないのは、多様な価値観のサンプルに出会っていないから**ともいえます。

最近ＳＮＳで流れてきた、映画『男はつらいよ』シリーズの41作目『男はつらいよ寅次郎《とらじろう》心の旅路』のワンシーンを観て、「いわれてみればそうだよね」と思ったことがあります。

それは寅さんと、柄本明さん演じるエリートサラリーマンの坂口が温泉宿で会話しているシーンです。その日のうちに会社へ戻ろうとする坂口を見て、寅さんがこう尋ねます。

「おまえがいないと会社、潰れちゃうのか？」

坂口は「そんなことありませんけど」と答え、「だったらいいじゃないか」という寅さんと一緒に温泉へ行きます。

自分が行かなくても会社は潰れない。ならば、どうして自分はそこへ戻ろう、戻ろうとしていたのだろう？　そんな疑問を抱いたときにはじめて、せっかく温泉宿にいるのだから温泉に入ったほうがよほどハッピーだと気づくわけです。

「自分で選ぶ」ということは、そんな自分のなかの「あたりまえ」をどんどん手放していくことなのです。

そうして自分で自分に〝ゆらぎ〟を与えていくから、どんどん〝越境〟しながら、行動していけるようになるのです。

「やりたくないこと」を極小化しよう

自分の考え方や捉え方を変えて、自分の道を自分で決めて進めばいいとお伝えしました。それは、第3章で述べた、ものごとをはじめる前から難しく考えるのではなく、「やりたいこと」は考える前にすぐやってしまうという姿勢につながっています。

ただ、ここに至って、「やりたいことがなければやっぱり前に進めないのか」と思う人もいるかもしれません。

ですが、**「やりたいことがない」というのは、そんなに大きな問題でしょうか？**

そんな思い込みが持つ「あたりまえ」も疑ったほうがいいでしょう。

「やりたいこと」が見つからないことをことさら問題視する人がいますが、**「いまたまたま出会っていないだけ」**と、自由に捉え方を変えることもできるはずです。

それでも、その「たまたま出会っていない」事実をなんとかしたい人には、ひとつおすすめの方法があります。

それは、逆に**「やりたくないこと」を極小化する**ことからはじめる方法です。

なぜ、人は「やりたいこと」を求めるのかというと、おそらくそれによって自分の人生が豊かになると思っているからです。ならば、**自分の人生を「豊かにしないもの」を減らしていくという発想で見ればいい**わけです。

どんなものごとでも、こうした「逆目線のアプローチ」を試していない人は、案外多いのではないかと感じます。

自分を「豊かにしないもの」が減っていくと、気持ちにゆとりができてきます。すると、精神的にいい状態に近づいていけたり、他に挑戦したいことに気づいたりする余裕ができて、どんどんいいループへと入ることができます。

「やりたいことを見つけよう！」と力が入り過ぎると、見つからないときにかえって落ち込んでしまうものです。

そんなときは「やりたくないこと」を減らしていき、少しずつ自分を変えていけばいいのです。

これは、「得意なこと」にも置き換えることができます。

「得意なことが見つからない！」と焦るのではなく、まずは「得意ではないこと」を極小化していく。するど、自然と「得意なこと」が浮かび上がることもあるはずです。

そのようにして、自分の人生を豊かにしないものを減らしていくと、自然と楽しく幸せな人生が、少しずつ近づいてくるはずです。

迷っているのではなく経験を積んでいるだけ

なにかの行動に踏み出せたとしても、「これでいいのだろうか？」「この選択は正しかったのだろうか？」と迷い続けてしまう場合もあります。

でも僕は、「これでよかったかどうか」については、もっと後に考えればいいと思っています。振り返ってみたときに、「あれがよかったんだな」と捉えられればいいということです。

そもそも、なぜ迷い続けてしまうのかを、メタ思考的に分析してみましょう。

よく「道に迷う」という言い方があるように、迷うというのは、あるゴールに辿り着けない状態を表現しているといえます。つまり、迷い続けてしまうのは、どこかにゴールがある前提でものごとを考えているからです。

そうであるなら、そんな**「ゴールはない」と捉え方を変えてみれば、論理的には迷い続けることもなくなる**はずです。

ゴールがないということは、具体的には「すべて経験だ」と考えることもできます。

人生の道に迷っていると思い込む人は多いのですが、迷っているのではなく、いまは経験を積んでいるだけと割り切ってしまえばいいのです。

嫌で仕方がないことをしていて迷っているのなら、それは迷う必要もなく、すぐやめてしまえばいい。先の、「やりたくないこと」を極小化するということです。

でも、さほど嫌でもなければ、それは別に迷っているわけではなく、ただ経験を積んでいるだけだということです。

ただし、**一つひとつの経験をきちんと振り返り、自分なりに言語化することはやっておくといい**でしょう。**言葉にして定着させておくと、いい経験に再現性を持たせたり、経験をアレンジして次の機会に活かしたりしやすくなります。**

せっかく自分の人生の時間を使って得た経験ですから、振り返って言語化しておくと、新しい自分につながっていく可能性が高くなるのです。

いずれにせよ、行動しても迷ってしまう（迷いとして捉えてしまう）のは、なんらかのゴールを前提にしているからです。でも、自分の捉え方や考え方次第で、状況を前向きに変えることは可能なのです。

生きているうちに間に合えばいい

「30歳までにはこのくらいのキャリアは持っていないと」
「40歳にもなって夢を追いかけるなんて遅過ぎる」
「50歳になったらなにもかも手遅れだよ」

そんな**マイルストーンを勝手に設けて落ち込んでいる人も結構います**。おそらく同年代で活躍している人と、自分を比較して焦ってしまうのだと推察しますが、その結果として、自分がしんどくなっているだけでは意味がありません。

これも捉え方を変えることで、自らを軽やかに解放することができます。

例えば、**「生きているうちに間に合えばいい」**と考えてみるのはどうでしょうか？

僕自身は、年齢という尺度をまったく気にしません。

これはもう子どもの頃からの思考で、学校における学年や部活動のヒエラルキーを生理的に嫌っていました。1年上だから威張ることができたり、敬語を使うことを強制されたりする考え方なんて、本当におかしいと思っていました。

だって、それは実力ではなく単に生まれた順ですから、ほんの少し早く地球上に現れたことがそんなに偉いのだろうかと、不思議で仕方ありませんでした。

もっというと、**年齢はただの記号に過ぎない**と思っています。

だから、年齢を基準にしたマイルストーンは設けないし、「生きているうちに間に合えばいい」くらいに考えておけば、**たとえ何歳になっても、自分の人生の歩みのす**

べてを経験値として活かしていけると考えています。

そんな考え方のせいか、最近周囲には、自分よりも若い友人が増えてきている感じがします。単に年齢を重ねただけなのかもしれませんが……おそらく僕が若い人たちに対して、年齢的な負い目をまったく感じていないからではないかと推察しています。

「もう55歳なのだから、若い人よりも優れていなければならない」と思っていたら、自分を意味なく追い詰めてしまい、しんどくなるばかりでしょう。

でも、僕は若い人に対して、「この人は凄いな」「とても素敵な人だな」と率直に思うことができるので、その雰囲気が相手にも伝わり、いい関係性が生まれるのだと思います。

年齢だけでなく、**自信のなさやお金の不足など、自分で「足りない」「もう遅い」などと思い込んでしまうことが、心理的な障壁になる**場合はたくさんあります。

でも、いまの時代はかつてなく「オプションフリー」な状態になっていますから、あくまでも自分がどう考え、どう行動するかが重要なのです。

自分の行動はもとより、ものの捉え方や考え方も、自分の「意思」で自由に選び取っていけばいい。そうすればもっと楽に生きていけるし、迷いを感じることも減っていくはずです。

僕たちはもっと直感的に生きられる

自分の行動すべてを経験として捉えて、自分で選んで前に進んでいくとき、僕はかなり**「直感」を重視**します。感覚としては、100パーセントに近いくらい直感で決めているので、親しい人からは「澤さんは、ずいぶん刹那的に生きているね」といわれるほどです。

直感で行動する前提として、ルール（法律）は守りますが、それ以外の選択は、自分が**「好きか嫌いか」「面白いか面白くないか」だけで選ぶ**ようにしているのです。

「社会人としてやっておいたほうがいい」とか「嗜《たしな》みとして知っておいたほうがい

い」というような判断基準は、僕にとってはかなりどうでもいいことです。

ただ、会社員のときは、組織の仕組みに乗っかっているわけですから、どうしても100パーセントは自分の思った通りに行動できたわけではありませんでした。

特定の仕組みのなかに身を置くと、自分が興味を持てないことでも、仕組みを運営するうえでどうしても避けられないことが出てきます。例えば、煩雑な経費・費用の計算や、提出が義務づけられているレポート作成、リーダー職になればチームメンバーの評価もしなければなりません。

もちろん、部分的に得意な人に任せる方法はありますが、チームメンバーの評価をするのが嫌だといっても、組織でリーダーとして働く以上は仕方がない。そんなことはたくさんあります。


一方で、仕組みのなかにいると、やらなくていいこともたくさんあるはずです。職場やトイレの掃除、備品の発注などは、多くの人はしなくていいでしょう。でも、独立すれば、掃除もゴミ捨ても備品の補充もすべて自分でやらなければなりません。ものごとは、それぞれ一長一短があるということです。

ただし、独立すると、他者にお願いできる自由の範囲が増えますから、組織にいるほうが制限は多いのかもしれません。しかし、**組織にいても、最大限自分の直感を活かして、行動の幅を広げようと意識することはできる**はずです。

起きてもいないことを心配するのは馬鹿らしい

「好きか嫌いか」「面白いか面白くないか」という、自分だけの「直感」に従って生きることをすすめると、必ずといっていいほど「そんな生き方で大丈夫？」「リスクが大きいのではないか」などと聞かれます。

つまり、それらの意見が意味するのは、多くの人が行動する前に自分で障壁を立ててしまい、足が進まなくなってしまうということです。

これについて僕は、**「起きてもいないことを心配するのは馬鹿らしいので、やってから考えればいいよ」**と答えています。

当然ですが、災害などの場合は、生存環境自体がコントロールできない状態になってしまうので、それに対して備えておくことは必要不可欠です。水や食料がなく、寝る場所もないとなると、生きていくための最低限のベースが脅かされるわけですから、直感もなにもないでしょう。

しかし、そうしたもの以外に対応するのは、僕はやはり「起きてからでも遅くない」と考えます。**生存が脅かされていないことに対しては、恐れ過ぎる必要はない**のです。

例えば、お金が足りないとき、すぐさま生存が脅かされるかというと、必ずしもそうとはいえません。信頼できる人に借りることはできるし、社会には最低限のセーフティネットも用意されています。

また、いくら「好きか嫌いか」「面白いか面白くないか」で選ぶといっても、いきなり全財産をなにかの選択肢につぎ込む一か八かのような行動は、通常の精神状態では取らないはずでしょう。

そもそも、人間にはネガティビティ・バイアスという傾向があることは19ページでも述べました。主観的な思い込みや先入観によって、自分自身や将来に対して、否定的で悲観的な見方や予測をしがちです。

これは、事前に様々な危険をシミュレーションする行動につながり、危機管理の質を上げるといったメリットがあります。

一方で、**自分や将来に対してポジティブな見方や予測ができず、新しい行動や自分なりのチャレンジがしづらくなるデメリット**は見逃せません。

そんなふうに行動を避けていると、ますます悲観的な経験や情報が集まり、さらに行動の幅を狭めてしまうこともあります。

本書では「行動」の重要性をお伝えしていますから、もしネガティビティ・バイアスの傾向が強めだと自覚している人は、様々な障壁をシミュレーションしながら、自分の「好きか嫌いか」「面白いか面白くないか」という気持ちもなるべく忘れずに、少しずつ進んでいけばいいでしょう。

ネガティビティ・バイアスの傾向が強い人が想定した障壁は、それなりに高い障壁であるはずなので、**実際に行動すると「案外大丈夫だった」となる可能性も高い**と見ることができます。いずれにせよ、生存に直接的に関わる部分については、しっかりと備えておくことです。

ですが、それ以外のものについては、「起きてからでも遅くない」というマインドを意識して持っておくことが、「直感」に従ってすぐ行動できる人になるためには必要です。

量は質を凌駕する

行動という観点でもうひとつ、「継続」が持つ力についても述べておきます。

僕は、音声プラットフォームであるVoicyで『澤円の茶話会ラジオ』というコンテンツを続けていて、本書発売時点で、配信回数はすでに2600回を超えました。

僕はむかしから空手やスキーなど、ものごとを続けるのがさほど苦にならない性分ですが、ことVoicyに至っては、かれこれ約7年間、毎日配信していることになります。

そして、ここまで同じことを毎日続けてきて、はっきりわかったことがあります。

それは**「量は質を凌駕《りょうが》する」**という事実です。

僕は、Ｖｏｉｃｙのトップパーソナリティではありません。フォロワー数が多いパーソナリティは他にいくらでもいますし、比較的ジャンルが似ていて、個人的にも仲がいい『学びの引き出しはるラジオ』の尾石晴《おいしはる》さんや、『きのうの経済を毎朝５分で！』のＤＪ Ｎｏｂｂｙさんは、それぞれフォロワーが10万人を超えています。さらに、『Ｖｏｉｃｅ ｏｆ ちきりん』のちきりんさんは20万人以上、『西野さんの朝礼』の西野亮廣さんは50万人以上のフォロワーがいます。

ただ、僕はトップパーソナリティのランキングＴＯＰ10には入らずとも、デイリーランキングにはそこそこ入ることがあります。また、フォロワーも７・７万人ですから、おかげさまでそれなりに多くの人に認知されています。

いったいなぜなのか。その理由を考えたところ、答えはシンプルでした。

それは**「毎日続けているから」**です。

多かれ少なかれ、行動には質の差が生じますし、その質はトレンドやタイミングによってハマる・ハマらないという差もあるでしょう。

でも、ひたすら続けていれば、量が質を凌駕してくれることがあるのです。

ものごとを続けるのは、はっきりいうと、もっとも頭を使わないでできることだと僕は思っています。なぜなら、余計なことを考える必要がなく、ただ「続ける」と決めているだけだからです。

どんなことにもコスパやタイパを意識するのは好きではありませんが、**ものごとをただ続けるのは結果的にコスパがいい**といえます。頭をあまり使わないという意味でも楽だし、続けているとプラスになることが多いなら、とりあえず続けておけばいいでしょう。

嫌なことをやっていても、それはやはり長続きしません。でも、**そこまで嫌でもなければ、「とりあえず続けておけば？」**と僕はアドバイスします。「続ける」と、もう本当にそう決めるだけのことなのです。

しんどいときは堂々と立ち止まる

Voicyを毎日配信していても、当然ながら、日によって体調が悪かったり、熱が出てしまったり、機嫌が悪かったりする日もあります。

でも、**しんどいときは、しんどいなりのやり方を考えればいい**のです。

「今日はちょっとイライラしていて、そんな状態ではいいことを話せそうにないから短めで終わりにしますね」というのも、本職のアナウンサーやパーソナリティでもない限り、まったくもって構わないと思います。

そのくらいの軽やかさでいいと自分で決めてしまえば、あとは自分の道を進んでいくだけ。そうすれば、ものごとはもっと続けやすくなるし、僕はいつも、「みんなもう少し気楽にやろうよ！」と伝えたいと思っています。

多くの人は、子どもの頃から「三日坊主は駄目」「あきらめずに続けなさい！」などといわれ続けてきたため、続けることについて真面目に、深刻に考え過ぎる傾向があるのかもしれません。

本書のテーマである、自分の「得意なこと」の見つけ方も同様です。「人生を真面目に考えなさい」「自分の人生を見つめなさい」「未来から逆算しなさい」「本当にやりたいことを見つけなさい」などといわれ続けるから、どんどん深刻になり、思考が狭く重くなってしまうのです。

だから、先に述べたように、**ものごとは「起きてから考える」くらいの姿勢**がおすすめです。

最初からものごとを決めてかかるのではなく、クラゲやワカメのようにゆらぎながら、状況に応じて考える。周囲の状況はきちんと「観察」しながらも、どこまでも軽やかに自分を扱う。

とりあえず行動して、失敗したらそのときに対処方法を考える。しんどいときは堂々と立ち止まり、嫌でなければとりあえず続けておく――。

そんな感じで進んでいければ、別にいいではないですか。

なんだか不真面目な態度に思えるかもしれませんが、そのくらい力の抜けた、しなやかな振る舞いができれば、あなたならではの発想と視野がもっと広がっていくはずです。うまく行かなくても「別にいいじゃん」って軽やかに思えたら、それでいいのです。

第5章

人生を豊かにする「得意」の活用

働く人のほとんどが「複業」をする世界

自分自身にゆらぎを与えながら、行動量を増やし、自分の見方や捉え方なども軽やかに変えていく。そうして、自分の「得意なこと」をいくつも自由につくっていく。

ここまでお伝えしてきた考え方は、決して僕だけが推奨しているわけではありません。第4章で実例も紹介したように、いまの世の中ですでにはじまっている動きであり、今後、個人のキャリアのあり方はますます多様化していきます。

これは、ベストセラー『LIFE SHIFT 100年時代の人生戦略』（東洋経済新報社）の共著者でありイギリスの組織論学者であるリンダ・グラットンが述べていることでもあります。彼女はそれを、「人生がマルチステージ化する」と表現しました。

つまり、**一生のうちに複数回の転職をしたり、同時に複数の会社やチームに所属したり、自分の時間とスキルを自由に提供して働く世界がすでに到来している**ということとです。

端的にいうと、**働く人のほとんどが「複業」をする世界**と言い換えてもいいでしょう。

自分の「エイリアス」を駆使しながら自律的に働き、組織に所属していたとしても、複業を前提に雇用契約を結ぶあり方です。

個人が自分の「得意なこと」や「やりたいこと」を自由に選び、特性やスキルを活かして、ひとつの場所にとらわれることなく働いていく。そんな新しい働き方を、生成AIやWeb3をはじめとするテクノロジーが支えていくという流れは、今後ますます顕著になっていくでしょう。

それでも、会社や組織から与えられるものが「生業」や「本業」だと思い込んでいるビジネスパーソンがかなり多いと感じるのも事実です。

ですが、**そもそも、なにかをすることで人を喜ばせたり、社会に貢献したりすることのすべてが「業」**です。副業でも複業でも、すべて「業」なのです。

だから、自分がやりたいことや、興味がありやってみたいことに手を出してみるのは、すべて副業（複業）だと捉え方を変えてみましょう。

「うちの会社は副業禁止だ」という人もいますが、これも典型的な思い込みです。

日本国憲法第22条は、公共の福祉に反しない限り、居住、移転及び職業選択の自由を規定しており、副業を禁止する法律はありません（公務員は除く）。企業は就業規則によって副業禁止を定めることがありますが、労働時間外の副業を禁止する有効性は認められていないのです。

もちろん、副業によって企業機密が漏洩《ろうえい》するような、企業が不利益を被る場合などは懲戒処分が妥当とされますが、利益相反や公序良俗に反しない限り、副業を禁止し、会社にフルコミットさせることを強制するのは違憲なのです。

つまり、副業に関して世の中に特別な規定はなく、**ただ僕たちの頭のなかだけに、余計な制約や自制があるだけ**だということです。ならば、自分の「得意なこと」や「やりたいこと」はなんでも副業になり得ると考えたほうが自然だし、そのほうがもっと自由に生きられるはずです。

自分の興味があることをどんどん掛け合わせて、たくさんのエイリアスに活躍してもらい、軽やかに行動していけばいいのです。

直感的に惹かれる「なにか」があなたを導く

第3章でライフラインチャートを紹介しましたが、僕は人生のステージに合わせて、その都度意識的に働き方を変えてきたわけではありません。むしろ自分のキャリアを振り返ると、自然に変わってきた感じがします。

より正確にいうと、**「自分の希望」と「環境変化」との掛け合わせで常に進んできました。**

わかりやすい例が、コロナ禍のときです。コロナ禍以前に自分の事務所を借りていたことは先に述べましたが、その時点で本格的にリモートワークをはじめていました。これが、「自分の希望」の部分です。

そうしてしばらく過ごしていると、突然、世の中がコロナ禍に突入し、周囲に少しずつリモートワークが普及しはじめたのです。その頃には、すでにリモート環境を最大限に活かし、会議や講演、プレゼンなどを数多くこなしていたので、さらに仕事が集中し、先行者特権を得ることができました。

すると、ますます会社に行く必要がなくなり、「環境変化」に応じて、自然に会社との契約を解消したわけです。

「将来に対して、予感めいたものがあったのですか？」とよく聞かれます。

ですが、社会人になる際エンジニアを選んだときも、当時の僕はインターネット時代の到来なんて予測していませんでした。

ただ、テクノロジーは日々進化していくわけですから、ゆくゆくとんでもない大きな変化があるとは思っていました。また、それらは**大好きな映画のなかで実にリアルに描かれていました。**

近未来を描いた作品などから、やがて到来するであろう未来の姿を想像・妄想し、そこから着想を得て、バックキャスト（逆算）で現在の行動や開発方法につなげる手法を「ＳＦプロトタイピング」と呼びます。

いま世界は、現在の延長線上で未来を考えることが難しくなっているため、ＳＦ（サイエンスフィクション）の世界で実現されている未来を参考にすることで、より柔軟かつ大胆な思考・アイデアを展開できるとする考え方です。

実際に、テック企業ではSFから影響を受けた経営者が多く、アマゾン創業者であるジェフ・ベゾスは少年時代にSFに夢中になり、2000年に航空宇宙企業のブルーオリジンを創業しています。

また、スペース・エクスプロレーション・テクノロジーズ（スペースX）創業者であるイーロン・マスクが、ロバート・A・ハインラインをはじめとするSF作品に大きな影響を受けているのはよく知られているところです。

ちなみに僕の場合は、SFではなく『007』シリーズですし、その作品からバックキャストで自分の将来を描くこともしませんでした。

ただ、そこには**自分が直感的に惹かれるなにかがあったのは確かであり、その直感は大事にしていた**と振り返ることができます。

結果的にその直感が、プログラミングの初歩も知らない文系学生をエンジニアになるという逆張りへ、図らずも導いたのでしょう。

未来予測よりも、厳しい未来を前提にして生きる

未来の姿を想像・妄想し、そこから着想を得てバックキャストで行動するSFプロトタイピングという手法は、イノベーションを起こす製品開発や、組織変革の手法としては有効だと見ています。

ただ、個人が自分の将来を描いて行動する際には、なかなか適用が難しいかもしれません。例えば、コロナ禍の状況を事前に想像・妄想し、逆算思考でなんらかの行動をしていた人がどれだけいたでしょうか？　あのような事態が起こることを予測していた人はかなり少なかったはずです。

僕自身は、毎年のように世界中で異常気象が頻発するなかで、近いうちにとんでもない事態が全世界的に起こる可能性はあると見ていました。でも、なにかを具体的に予測していたわけではありません。では、いったいなにをしていたのか？

実は、**なにかはわからないけれど、〝とんでもない〟事態が起こることを前提に行動していた**のです。

僕の仕事の仕方は、**住む街である東京が焼け野原になり、学歴やら社歴やら会社の名刺やらがまったく使い物にならない状態でなにができるか**を、すべてのベースラインとして考えておくことです。

つまり、未来を「予測」して逆算するのではなく、そもそもある日すべてがリセットされるという緊急事態を前提にして、自分のキャリアを考えるということです。

「そんな極端なことは起こらないよ」と思う人もいるかもしれませんが、実際はこうした事態に、東京（＝日本）は何度も見舞われています。

古くは江戸時代に、江戸の街を広範囲で焼き払う大火が１００回以上も発生したとされています。１９２３年には関東大震災が発生し、その後は太平洋戦争において頻繁に空襲を受け、１９４５年には東京大空襲がありました。幸いにも、その後長らく日本は平和ですが、紛争や戦争は現代でも起こり得ますし、とりわけ首都直下地震や富士山噴火などの巨大災害の危険性はかなり指摘されています。

いつなんどき、なにが起きてもおかしくないのです。

コロナ禍も日常生活にリセット（大きな制限）をかけたわけで、僕はそんな厳しい事態になったときになにができるのかを常々考えています。

そして、そういう厳しい前提のうえで行動しているから、なにが起こっても、結局は「たまたま」うまくいったように見えるだけではないかと思っています。

多くの人が、目の前のチャレンジについては、あれこれ考えて二の足を踏んでしまうのに、案外、本当の最悪の事態は想定せずに行動しているように感じます。災害に備えている人はたくさんいますが、その災害後に自分の仕事やキャリアがどんな事態に陥るのか、そこで自分はどんな具体的な行動をするのかといったことを、あまり考えていないようなのです。

だから、コロナ禍をはじめ、実際に非常事態になったときに慌ててしまうのではないでしょうか。

幸いにも、いまはまだそんな事態になっておらず、僕たちは非常に恵まれた環境で暮らしています。だからこそ、**とんでもないことが起こる事態を前提にして考えて行動していれば、ある意味では楽勝モードで過ごせる**はずです。

これだけ変化が激しく先も見えづらいなかでは、どれだけ自分の将来をきちんと計画しても、必ず大きなズレが生じます。

それよりも、最悪の状態が起きたときにいかに行動できるか、いかに働いていけるかという**「生き抜く力」にフォーカスする**ほうが、より大事だと考えています。

「抽象化」によって「得意なこと」を自由につなぐ

厳しい現実が到来したときに生き抜ける力を養うためには、自分の「得意なこと」をたくさん持ちながら、それらをうまくつなげていくことがポイントになります。

無理やりつなげるのではなく、このときに役立つのが**「抽象化」**という思考法です。

抽象化とは、簡単にいうと、ものごとの「本質」を捉えることです。

そのためには、**異なる複数の情報や概念に共通する要素を抜き出したり、パターンを抽出したりする**アプローチが必要になります。すると、かけ離れているように見えることでも、それらをある要素やパターンをもとにつなげることができ、ものごとの「本質」を捉えられるというわけです。

ここでは「得意なこと」を軸にして、仕事とプライベートをつなげるための例を挙げてみます。

僕は30歳の頃に空手をはじめて、20年以上にわたり続けて黒帯を取得することができました。ある程度のレベルまで空手を続けたことで、実に多くのメリットを得ることができたと感じています。

当然、体力やエネルギーは身につきましたし、基本である「型」と「組手」には、スピード、パワー、正確性などコントロールが必要な動作が求められるため、集中力や冷静さも身につけることができました。

また、空手では礼儀が非常に重んじられており、「全人（知識・感情・意志が調和して備わっている人物）」になることが最終目的とされています。

では、これら空手のよさを、単にメリットとしてだけでなく、抽象化して仕事のミーティングとつなげてみます。

すると、まず**どんな相手でも礼儀正しく振る舞うこと、リスペクトを持って接することが「本質」であり基本姿勢と考えることができます。**それによって、僕は立場や年齢などに関係なく、常に相手にフラットに向き合うことがより簡単にできるようになりました。

プライベートの「得意なこと」である空手の基本姿勢を、抽象化して仕事のミーティングにつなげることで、まるで組手をしているかのように礼儀正しく、かつ集中して相手に対して振る舞うことができたというわけです。

もちろんすべては「意思」ですから、空手の経験がなくても、誰でも意識すればできることです。

少しだけ、毒のある抽象化もできます。

仕事で嫌な相手と出会い、心が乱されそうになったとします。そんなときも、空手の「本質」をその場面につなげてみれば、「わたしにはあなたのことをどうとでもできる体力、知力、集中力があるけれど、この場は容赦しておいてあげるよ」という、余裕のあるマインドセットが簡単にできます。

これは、プライベートで体力づくりに励んでいる人でもきっと同じです。嫌な振舞いをしてくる上司がいたとき、「偉そうなことばかりいってくるけれど、一緒に温泉へ行ったら、わたしのほうが圧倒的にかっこいい体だからね」と思うことができれば、なんなく右から左に話を聞き流せるかもしれません。

いまはパワハラやセクハラ、マウンティングといった問題行動をする人もいますから、**「得意なこと」の抽象化によって、「バーチャルに相手を見下す」という自衛手段やストレスコントロールの方法を身につけておく**のもいいのではないでしょうか。

いくつもの小さな「得意」をシェアし合おう

仕事でもプライベートでも、どんな場面でもいいので、自分の「得意なこと」をたくさんつくり出し、それらを抽象化によってジャンル横断的につなげていけば、思わぬ人生の可能性が開けていきます。

いくつもの小さな「得意」を見つけて活用すればいいし、いくつものエイリアスで複業をするのも自由です。そんなあなた独自のあり方の行動体系こそが、あなたの「生き抜く力」を支えてくれます。

繰り返しになりますが、自分の「得意なこと」というのは、誰かと比べて得意という意味ではなく、あくまで「自分が苦もなくできること」をベースに置いてください。**「それをやっていたら楽しい」「それをやると人に喜んでもらえて嬉しい」といったものなら、それらがすべてあなたの「得意なこと」**です。

以前の僕は、よく家に人を招き、ホームパーティーを開いて手料理を振る舞っていました。これもある程度苦もなくできるというだけで、もの凄く得意かといえばそういうわけでもありません。

でも、**ちょっとした料理がつくれるという小さな「得意」をシェアできれば、お互いに過ごす時間が有意義なものとなり、幸せを感じることができる**のです。

他にも、見た目はそうでもないのですが、実は力が強いのも「得意なこと」です。もともと背筋が極端に強くて、ある程度のサイズの冷蔵庫であればひとりで運べるほどなのです。さすがに55歳になったいまは、もう積極的に運ぶことはしませんが、重い荷物を代わりに持ったり、会場で机の移動を手伝ったりすることはいまも頻繁にやっています。

これもなんてことはない話ですが、自分の小さな「得意」によってちょっとした親切がさっとできるし、手伝いや手助けは、まさに「意思」次第でできるものでしょう。

このような、もともと持っている特質や苦もなくできることは、本来、誰しもいろいろあるはずです。ただ、やっぱり自分自身で「別に得意なことなんてない」「いうほどのことでもない」「こんなことは役に立たない」などと思い込んでいるだけかもしれません。

僕が好きな小説家である村上春樹さんは、エッセイ『村上朝日堂ジャーナル うずまき猫のみつけかた』(新潮文庫)のなかで「小確幸《しょうかっこう》」という造語を生み出し、その造語はファンのあいだにいまも広まっています。

小さいけれども、確かな幸福。自分の小さな「得意」のシェアは、まさにこの「小確幸」のイメージです。

小確幸は、仕事終わりの穏やかな夕暮れに、自分ひとりで飲む一杯のキンキンに冷えたビールの場合もあるでしょう。

そして僕は、自分の小さな「得意」を誰かとシェアしていくことも、「小確幸」というゆるやかなつながりを生み出してくれると思っています。

「どこかにいる誰か」を気にせず進め

自分の「得意なこと」をたくさん見つけたら、できれば堂々と公言し、積極的に活用してみてください。

このとき、後ろめたさや恐れを感じる人が結構います。せっかく「得意なこと」があるのに、見知らぬ誰かを気にして自分に制限をかけてしまうわけです。

僕の例をいうと、僕には子どもがいませんが、ただそういう生き方を選んだだけであり、誰かに後ろ指を指されることもないと思っています。ただ、現在の日本では少子化が社会経済的に大きなトピックになっているため、子どもがいない人たちのなかには、なんとなく後ろめたさを感じている人もいるのではないでしょうか。

あるいは、僕は車が大好きで複数台を所有していますが、多くはガソリン車です。もちろん、それは法律違反ではなく、深夜にアイドリングするような迷惑行為もしていないので、複数のガソリン車を所有していることを隠すつもりもありません。でも、いまの世の中では、ガソリン車に乗ることに後ろめたさを感じてもおかしくない風潮があるわけです。

誰かに直接迷惑をかけるのはいけませんが、**「どこかにいる誰か」になにかをいわれることを恐れて自分の行動を制限するのは馬鹿らしい**と、僕は考えています。だってそれは、起きてもいないこととほとんど同じなのですから。

これは、SNSの弊害である面が大きいと見ています。どこにいるのか、誰なのかもよくわからない人が他人を簡単に攻撃できるようになったので、それに対して潜在的に恐れる心理が様々な場面で生じているというわけです。

また、「得意なこと」は、それが相当得意でない限り、他人に披露してはいけないと思い込んでいる人もたくさんいます。なにかを教えるには必ず免許や上級資格が必要だったり、権威ある誰かの推薦がなければ人に教えたりしてはいけないという思い込みです。

特に、伝統や規律を重んじる日本人にはそうした傾向が強く、やはり他者の視線や評価を必要以上に気にしてしまうのではないでしょうか。

「自分なんかが教えてはならない」と勝手に卑下して、自分に〝呪い〟をかけてしまっているのです。

でも、**人よりも少し得意なことがあるのなら、まわりの人の「小さな幸せ」のためにも、どんなことでも臆さず教えてあげればいい**のです。

最初は、身近な人に教えてあげることから慣れていくのもいいでしょう。字を書くのがきれいだとか、収納が上手だとか、それくらいの「得意なこと」ならいくつか見つかりそうではありませんか？

そんな小さな「得意なこと」を大事にすることで、ハッピーな生き方に近づいていくイメージを僕は持っています。

「どこかにいる誰か」を気にしていると、それが枷《かせ》になって、後ろめたさや罪悪感にとらわれます。でも、よく考えると、**「どこかにいる誰か」なんて、どこにもいないような存在**なのです。もし本当になにか理不尽なことがあったり、邪魔をされたりするならば、それは対処可能なただの「問題」に過ぎません。SNS上のように現実世界でもブロックしたり、気にしないようにしたりすればいいのです。

もしかすると、**「どこかにいる誰か」というのは、「あなたのなかにいる誰か」なのかもしれません。**

だから、**あなたのことを知りもしないし、心配もしてくれない他者や組織などに自分の評価を預けるのはもうやめて、自分のなかにある思い込みやとらわれを手放してみてください。**

そうして、もっと軽やかにあなたの「得意なこと」を、たくさんの人にシェアしてください。

そうすれば、この世界は少しずつ、でも着実に幸せな場所へと変わっていく――。

僕は本当にそう思っています。

自分の特質を前提にして生きる

第1章で、まるでクラゲやワカメのようになににもとらわれず、自由にゆらぎながら生きていこうと書きました。いまの僕がこのような生き方に辿り着いたのは、おそらく自分自身に対する、子どもの頃からのネガティブな思考が根強く残っているからではないかと感じることがあります。

「自分はなにをやってもダメで、いつも失敗ばかりしてきた」と、ふとしたときに思うことがあるのです。そんなときにポジティブな考えを持とうとしても、あまり意味をなしません。

なぜなら、**無理にポジティブな気持ちになったとしても、それは自分自身からただ目を逸らしているに過ぎない**からです。

自分の「得意なこと」を見つけようと悪戦苦闘している多くの人も、自分を責めたり、過去を後悔したり、自分を矯正しようとしたり、気合いを入れたりしながら、自分で傷口を広げている面があるように思えます。

これがまさに「自己分析」のしんどさであり、意味のなさではないでしょうか。


だから僕は、あるとき「この性格はもう仕方ないんだ」とあきらめました。**とにかくダメで失敗ばかりしてきたのであれば、そんな自分を前提にして生き抜くしかない**と思ったのです。

あらゆることをポジティブに考えて進んでいける人は、それでいいでしょう。でも、僕の場合は、なにもかもすべてうまくいくと考えるよりは、**傾向として持つネガティブな特質を前提にしながら、そんな自分が「どうすれば自由に幸せでいられるか」**を考え抜くほうが性に合っていました。

当然、ネガティブな状態がいき過ぎて落ち込み続けていると、「行動」できない時間が増えてしまうので、いい状態とはいえません。

ただ、クラゲのように漂いながら、場合によっては沈んでいくこともあります。そんなときは、**もう海底まで沈んでいき、まさに底を打つのを待つ気持ちでいる**ようにしています。
人間には浮力がありますから、「そのうち浮き上がるだろう」と待っている感じです。

そうしてひとりでいるときに重要なのが、なるべくものを考えないでいることです。だから、僕はぼけっとします。この、ぼけっとする時間がないと、とても疲弊してしまうのです。

先に、現代は基本的に「情報過多」であり、選択することの困難さや、容赦ない他者比較によって、自己表現をためらわせる環境があると述べました。

そこで、**自分があまりいい状態でないときは、それを冷静に認識しながらも、余計なことを考えるきっかけを脳に与えないようにする**わけです。そうして、ぼけっとすることで回復を促す方法を時々とります。「回復させよう」と意識するのではなく、あくまでも結果的にそうなるという感じです。

ちなみに僕の場合、仕事で頻繁に講演やミーティングをしているので、人の目に触れない時間がもともとかなり少なく、その間ずっと落ち込んでいられない環境があります。相手に無用な心配をかけるだろうし、それは自分が望む姿ではありません。

そのため、落ち込んでいたとしても、「いまこの瞬間だけは気分を上げてみるか」と思って続けていると、少しずつ浮上していく場合もあります。このように、**環境や他者の力をうまく借りることも、続けるうちに、いつしか僕の「得意なこと」になりました。**

うまくいかない状態をなんとか立て直そうとして、自分なりに編み出した対処法が、いつの間にか「得意なこと」に変わることもあるのです。

いまここにある自分に戻れ

ここまで、自分の「得意なこと」の見つけ方をテーマに書いてきました。自分の持ち札は自分のなかにこそあり、複数の「エイリアス」を活用して軽やかに「行動」していけば、小さくても「得意なこと」はたくさん見つけられる。また、それら一つひとつを掛け合わせるとオリジナリティを生み出すことができ、それはいまの時代を

「生き抜く力」にもなるとお伝えしました。

また、「得意なこと」をシェアし合うことができれば、小さいけれど確かな幸せを感じて生きることもできるはずです。

もちろん、世の中は多様な価値観を持つ人がいる複雑な場所ですから、自分の「得意なこと」が、他者の評価と一致するとは限りません。そして同時に、まわりの世界がすべてあなたの味方ではありません。自分に対してポジティブな評価をしても、他者はあなたに対してネガティブな評価をする場合もあるかもしれません。

でも、そんなことも織り込み済みにして、できる限り自由に、軽やかに行動していきましょう。自分をきちんと肯定できるのは素敵なことです。だから、**他者の評価とギャップが出る可能性があることだけ、冷静に認識しておけばいい**のです。

そんな客観的な認識を持ってさえいれば、あなたに否定的な人たちに対して、貴重な人生の時間を使う意味はまったくありません。そういう人たちは、他者の言動に意識が向かっている時点で、単に暇なだけなのです。

みなさんはぜひ、**自分の人生を生きることに集中してほしい**と思います。

他者の言動を気にし過ぎたり、比較したりしている時点で、「自分は無駄な時間を過ごしているんだ」と気づける自分をつくっていきましょう。

自分探しや自己分析をするとき、自分を探しているようでいて、実は自分と他人とを比べているに過ぎない面があります。そして、比べるというのは、どこかで優劣をつけているともいえます。**曖昧な基準で他者と比べて、よくわからない理由で優越感や劣等感を抱いてしまっているのです。そこに、自己分析のやるせなさ**があります。

かくいう僕も、若い頃は自分の立ち位置を考えるときに、やはり周囲と比較していました。でも、他者といくら比べても、自分のことはなにもうまくいきませんでした。

なぜなら、他人と自分はそもそも価値観もビジョンも幸福感もなにもかも違っているからです。比較したところで、なにも意味がないことに毎回行き着いてしまうのがオチでした。「自分は自分、他人は他人」といったらそれまでですが、他人はやはり自分ではないので、根本的に参考材料になりません。

だから、どこかにいるかもしれない「本当の自分」を探しに行くのではなく、いまここにある自分自身で、小さな行動をし続けていくしかないと述べてきました。**ある意味では、いまのあなたはすべてを持っています。**

より正確にいうと、**あなたが行動することによって展開していく、無限の可能性を手にしています。**

だから、自分から小さな行動を起こし、あたかも水面に投げ込まれた小石が波紋を描くように、**目の前に展開されていく予測がつかない自分の可能性を、そのまま楽しんで進んでいけばいい**のです。

自分と向き合うよりも、自分に〝ゆらぎ〟を与えていく。

自分を細かく分析したり、未来を計画したりするよりも、**いまここにある自分で「事」を起こしていきましょう。**

これまで、自分の「得意なこと」や「やりたいこと」がわからず、悩んだり、自信を失ったり、途方に暮れていたりしたかもしれません。

でも、それはきっと、**「いまここにある自分に戻れ」**という自分自身からのメッセージだったのです。

おわりに　半径5メートル以内の人を笑顔にする

本書を最後までお読みいただき、ありがとうございます。

自分の「得意なこと」は、本来自分のなかにたくさん用意されている。それは別に些細《ささい》なことでもまったく構わないし、むしろ**小さな「得意なこと」をたくさん見つけて、それぞれを掛け合わせたり、つなげたりしていくことで、自分だけの思わぬ可能性が開いていく**とお伝えしました。

そのためには、**自分の分身ともいえる存在である「エイリアス」をいくつも駆使して、どんどん「行動」に踏み出すのがいい**とも述べました。

たったひとつの人格だけを前提にしてしまうと、いろいろな場所や人間関係のなかにいる自分が矛盾をきたさないように、自分で自分を枠にはめたり、自由な行動を制限してしまったりする場合があるからです。

さらに、**自分の苦手なことや苦労していたことですら「得意なこと」に変えていけるのも**、とても重要なポイントです。「得意なこと」というと、文字通り、自分の「卓越した能力」や「他者と差別化できる強み」というニュアンスで捉えがちです。

しかし、本書で示した僕の〝ぼっち〟な特質のように、一般的にネガティブな状態とされることであっても、自由自在に「得意なこと」に変えていけるのです。

本書で提案した、自分の「得意なこと」が持つ自由で軽やかなイメージが、みなさんのいわゆる「自分探し」を根本的に変えるのではないかと、僕はいま密かに期待しています。

そもそも「自分探し」「自己分析」「自己実現」「社会貢献」といった言葉には、ちょっと構え過ぎた印象があります。

「本当の自分を見つけなければならない」

「なにか社会に貢献しなければならない」

そんな、硬直した雰囲気を僕はいつも感じてしまうのです。

特に、人生も後半戦に差し掛かると、経験値が溜《た》まってくることで、かえって思考が固まりがちになります。

でも僕自身は、「自分探し」や「自己実現」について、あまり深刻には考えていません。では、いったいなにをしているのか？

それは、ただ**自分が好きなことをひたむきにやっているだけ**という感じなのです。

だから、僕はいつも「身の回りにいる誰かに、ありがとうといわれる回数を増やしていけばいいのでは？」とお伝えしています。

それは、僕が時々やるような、友人たちに料理を振る舞うことや、重い荷物を持ってあげることなどです。それだけで十分誰かに貢献しているし、誰かを幸せにしているのです。

そんな、**誰かに「ありがとう」といわれるものごとを数えていけば、自分の「得意なこと」をいくつも見つけることができる**はずです。

自分が苦もなくできる「得意なこと」や、やりたい気持ちに素直になって、もっと自由に生きることを選んでいきましょう。

目安は、**「半径5メートル以内の人を笑顔にする」**くらいのことです。

そんなことに自分の時間を使っていけば、実際に自分の周囲に笑顔が増えていき、あなたの人生に小さな幸せが確実に増えていきます。

ここで、ぜひお礼を言いたい方々がいます。

本書を書く機会をくださったKADOKAWAの本田拓也さん、自分を振り返るいいきっかけにもなりました。僕の進む方向性をいつも的確に示してくださるプロデューサーの岩川悟さんには、今回もたくさん助けてもらいました。ライターの辻本圭介さんは、時として難解な僕の表現を見事に汲み取り、文字にしてくださいました。お三方のおかげで書き上げることができました。本当にありがとうございます。

そして、気分のアップダウンが激しくて、いつも漂いすぎている僕をサポートしてくれる大事なパートナーの奈緒さん、いつもありがとう。

自分の「得意なこと」はいつも自分のそばにあり、ずっと気づかれるのを待っているのだと思います。

ただ、それはあまりに自然過ぎて、自分にとって「あたりまえ」だからこそ、なかなか気づくことができないだけなのです。

本書を手に取ったみなさんが、そんな「得意なこと」をワクワクしながらたくさん発見し、自分だけの充実した人生と、大切な人との幸せを培っていくことを願っています。

澤円

２０２５年2月

ブックデザイン　阿部早紀子
図版作成　本島一宏
構成　岩川 悟（合同会社スリップストリーム）
編集協力　辻本圭介、横山美和

本書は書き下ろしです。

澤 円（さわ まどか）
株式会社圓窓代表取締役。元日本マイクロソフト業務執行役員。立教大学経済学部卒業後、生命保険会社のIT子会社を経て1997年にマイクロソフト（現日本マイクロソフト）入社。2006年には全世界のマイクロソフト社員のなかで卓越した社員にのみビル・ゲイツ氏が授与する「Chairman's Award」を受賞した。マイクロソフト テクノロジーセンターセンター長、業務執行役員などを歴任し、2020年に退社。現在は、自身の法人の代表を務めながら、武蔵野大学専任教員、スタートアップ企業の顧問やNPOのメンター、Voicyパーソナリティ、セミナー・講演活動を行うなど幅広く活躍中。著書に『メタ思考「頭のいい人」の思考法を身につける』（大和書房）、『うまく話さなくていいビジネス会話のトリセツ』（プレジデント社）などがある。

得意《とくい》なことの見《み》つけ方《かた》

自分探《じぶんさが》しにとらわれず、すぐに行動《こうどう》できる技術《ぎじゅつ》

2025年３月４日　初版発行

著者／澤 円《さわ まどか》

発行者／山下直久

発行／株式会社KADOKAWA
〒102-8177　東京都千代田区富士見2-13-3
電話　0570-002-301（ナビダイヤル）

印刷・製本／大日本印刷株式会社

●お問い合わせ
https://www.kadokawa.co.jp/（「お問い合わせ」へお進みください）
※内容によっては、お答えできない場合があります。
※サポートは日本国内のみとさせていただきます。
※Japanese text only

定価はカバーに表示してあります。

ISBN 978-4-04-115326-0　C0030